EL HOMBRE MULTIDIMENSIONAL
VIVE EN LA
REALIDAD MULTIDIMENSIONAL

EL HOMBRE MULTIDIMENSIONAL VIVE EN LA REALIDAD MULTIDIMENSIONAL

REYNALDO PAREJA

Número de Control de la Biblioteca del Congreso de EE. UU.:   2013904775
ISBN: Tapa Blanda   978-1-4633-5377-3
                   Libro Electrónico   978-1-4633-5376-6

Este libro fue impreso en los Estados Unidos de América.

Fecha de revisión: 23/03/2013

Para realizar pedidos de este libro, contacte con:
Palibrio
1663 Liberty Drive
Suite 200
Bloomington, IN 47403
Gratis desde EE. UU. al 877.407.5847
Gratis desde México al 01.800.288.2243
Gratis desde España al 900.866.949
Desde otro país al +1.812.671.9757
Fax: 01.812.355.1576
ventas@palibrio.com
408584

ÍNDICE

SEGUNDA PARTE
EL HOMBRE MULTIDIMENSIONAL

A mi amigo, Rodolfo de Roux,

Cuya agudeza académica,
cuya integridad moral
y cuya agudeza intelectual,
me han enseñado, una y otra vez,
a no escatimar esfuerzo alguno
en este arduo caminar,
por el trajinar del pensar;
en forma tal, que otros puedan
beber del esfuerzo
y encontrar en él,
fuente de inspiración
y crecimiento personal.

AGRADECIMIENTOS

Como todos los libros anteriores que he tenido el placer de producir este no queda exento de la misma realidad: un libro no lo hace el autor solo. El podrá poner la materia prima, pero es el esfuerzo colectivo de todos los que participan en su elaboración lo que lo hace posible.

Este nuevo libro es, una vez más, la concreción de lo dicho arriba. No hubiera salido a la luz pública si no hubiera tenido la infatigable revisión de contenido y estilo de Rodolfo de Roux, la pacientes observaciones de mi señora Patricia, quien además me ha regalado las innumerables horas libres necesarias para poder escribir, corregir, volver a escribir, sin tener que angustiarme por ayudarla en el sin número de pequeños quehaceres que le devoran su tiempo y energía pero nos mantiene a los dos saludables y llenos de entusiasmo.

Igualmente colaboró en su revisión mi amigo entrañable, Darío Restrepo, permitiéndome pescar finuras del lenguaje que de otra manera se me hubieran escapado. Además me colaboró con las primeras ideas gráficas para la carátula. Otro colega de trabajo de años atrás, Oscar Vigano, también se unió a los esfuerzos artísticos con una alternativa gráfica de la carátula que, combinadas, dieron a luz la presente fisonomía del libro.

A todos y cada uno de ellos, mis más sinceros agradecimientos porque ustedes han hecho posible que pueda compartir contigo lector, esta obra que estarás a punto de comenzar su lectura. Espero que la disfrutes tanto como ellos lo hicieron mientras leían el borrador del libro que ahora tienes en tus manos.

INTRODUCCCION

Pregunta : ¿es la realidad lo que vemos a primera vista?

Esta puede sonar a una pregunta ociosa. Pues claro que lo que vemos, aun por primera vez, es real. Cualquier objeto que entra dentro de nuestro campo de percepción es un elemento más de la realidad. La realidad en ese sentido es objetiva, mensurable, con peso, con densidad, con características de vida o de materia inerte, sólida. La realidad de las cosas, a este nivel, es lo que percibimos a primera vista y por lo general afirmamos que eso es el ser, la realidad de lo que vemos y percibimos.

¿Pero, es cierto que esa es la realidad completa? O cabe preguntar, ¿hay otros niveles de realidad que son igualmente válidos, igualmente reales que aquel que es observable a primera vista?

Y cuando hacemos esta pregunta, caemos en cuenta que tiene sentido, porque si algo hemos ido aprendiendo a medida que avanza la ciencia, es que la realidad de las cosas y de las personas, la realidad completa, no es aquella que vemos en un primer momento, no es esa que percibimos externamente, sino que cuando uno se toma la molestia por escrudiñar lo que hay debajo de la superficie, comienza a develar todo un mundo de realidad escondida de la cual no se había siquiera percatado de su existencia. Descubrir dichos niveles es darse cuenta de que no se deben hacer juicios prematuros de lo que consideramos real y de lo que afirmamos que es, desconociendo sus otras dimensiones, que forman parte integral de su realidad total. Por lo tanto, es muy sano y deseable no hacer juicios finales sobre lo que percibimos en un primer momento como 'realidad objetiva' porque lo más seguro es que nos queda por descubrir la realidad interna, que muchas veces es más rica y compleja que la externa.

Una pregunta casi siempre abre la puerta a otra, y aún a otra pregunta. Si lo afirmado es verdad, inmediatamente puede uno preguntar, ¿si estos otros niveles de realidad existen pero no los puedo constatar, cómo se integran al nivel de lo que si veo y puedo constatar? ¿y por qué es importante para mi darme cuenta de estos niveles adicionales de la realidad, si ya el primero es más que suficiente para desempeñarme en la vida? ¿A qué apuntan los niveles de realidad no-visible pero existente?

Esta última pregunta nos adentra inmediatamente en el campo del sentido, del por qué de las cosas, eventos y las situaciones. Es otro nivel de la realidad personal que, también es necesario desglosar, si de alguna manera queremos obtener el retrato completo de lo que decimos que es real. Esa es la intención de este ensayo, pasearnos por los diferentes niveles de la realidad objetiva y subjetiva, para adquirir una perspectiva holística de nosotros mismos y del mundo en que vivimos, ¿quiénes somos y por qué somos así?

PRIMERA PARTE

LA REALIDAD MULTIDIMENSIONAL

Capitulo 1

La Realidad: el Universo de las cosas constatables a primera vista

Vivimos en medio de un mundo de cosas

Son muy pocas las personas que cuestionan el hecho de que vivimos en un mundo físico rodeado de multitud de cosas: vemos y experimentamos la casa o apartamento donde hemos sido criados; vemos y palpamos los juguetes con los cuales nos divertimos; vemos y nos ponemos los vestidos con los cuales nos cubrimos el cuerpo; vemos y usamos los vehículos en los cuales nos transportamos todos los días; vemos y nos comemos los alimentos que ingerimos cuando tenemos hambre; vemos y abrazamos a nuestros padres, a nuestras esposas, nuestros hermanos; besamos con pasión a nuestras novias y amantes; nos embelesamos horas de horas frente a la multitud de cosas que nos ofrecen en la televisión para que compremos. En suma, vivimos diariamente inmersos en un mundo de cosas las cuales denominamos reales porque son tangibles, porque son visibles, porque son verificables por cualquiera de los sentidos o por todos a la vez.

Para muchos, quizá para la mayoría, **este es** el Universo de la realidad. Este es el mundo en el cual nace, crece, se desarrolla, vive, hace su historia personal y muere. Esta realidad termina constituyendo el grueso del marco de su existencia, un mundo de cosas que requiere para subsistir, para vivir primariamente.

Pero no todos perciben así la realidad. Es el caso del ciego de nacimiento. Al no ver físicamente las cosas, la realidad externa no está en función de cosas que 've fuera de sí mismo'. Las cosas como las experimenta están en una dimensión cualitativamente diferente a la de los videntes. ¿Cuál es la imagen interna que tiene un ciego de nacimiento sobre cómo se ve, se conceptualiza, se recuerda, se habla y se relaciona con un rascacielos de la envergadura de la aguja del edificio Empire State Building o el de Seguros Prudential de San Francisco? Cuál será la imagen de poder, gracia e increíble fuerza de ingeniería del puente colgante del Golden Gate en la misma bahía de San Francisco? Frente a estas dos realidades, el ciego no puede experimentarlas, vivirlas, codificarlas, sentirlas, manejarlas, hablar de ellas desde el mismo punto de vista de alguien que ve.

El ciego podrá hablar de la sensación de longitud que percibe del puente sea caminándolo, sea sentado en un vehículo que lo cruce. Para adquirir una imagen interna de la altura que tiene el rascacielos o el puente tendría que tener la posibilidad de subir en un ascensor desde la base del edificio o del puente hasta el último piso o la cúspide de una de las columnas del puente. Por lo tanto, ese aspecto de tridimensionalidad de las dos construcciones no lo podrá experimentar en forma visual como lo hace un vidente todos los días.

Así tampoco puede hacerse una imagen de lo que es un elefante, al menos que lo oiga descrito por alguien que lo ha visto, y que después el ciego toque las patas del elefante, estire el brazo lo más alto que pueda o se pare en un banco y haga esto para obtener una experiencia de su altura; toque una oreja y siga con los dedos el contorno de la misma para obtener una imagen en su cerebro de su forma y de su tamaño; y toque su trompa y la siga desde la punta húmeda con dos huecos hacia arriba para formarse una sensación e imagen interna de cuán larga es, que tan fuerte la siente al toque, cuan carrasposa es su textura de piel. De igual forma no podrá hacerse en su cerebro una idea-imagen-percepción de la forma de la boca al menos que la toque para sentir unos labios gigantes estirados con músculos fuertes que succionan, y adentro una textura de piel suave, blanda, con espesa saliva. Tampoco podrá obtener una impresión-imagen del tamaño de la cola a menos que toque las cerdas largas en donde termina y siga su longitud hacia el ano desde donde nace.

Tanto el ciego como el vidente pueden construir una imagen interna que visualiza y recuerda que vive rodeado, inmerso en un mundo de cosas físicas. Estas las experimenta el ciego de una forma propia y diferente.

Sin embargo, los dos pueden y de hecho afirman que ese mundo de objetos visibles o tangibles conforman la realidad fuera de sí mismos dentro de la cual viven, crecen, se desenvuelven, maduran, logran sus sueños y mueren.

La experiencia directa del mundo de los sólidos

Lo más primario de la experiencia de lo que constituye la realidad es quizá el hecho de poder ver y tocar los objetos sólidos.

Pero esto no ocurre inmediatamente cuando uno nace. El conocimiento del mundo externo, antes de verlo con algún nivel de claridad y distinción, toma su tiempo. Los expertos en el desarrollo del infante afirman que el recién nacido tarda de dos a tres meses antes de que sus ojos estén desarrollados para enfocar y 'ver' cuando se mueven objetos delante de sus ojos. Hacia los tres meses se desarrolla su visión a distancia. Pero su primera forma de conocer objetos es a través de la boca. El proceso se inicia con la búsqueda instintiva del pezón materno cuando se nos coloca al pecho de nuestra madre. El reflejo que traemos dentro de nuestro sistema nervioso y en el cerebro es agarrar el pezón con nuestros labios y succionar. El primer conocimiento directo de la realidad sólida se tiene cuando se agarra con la boca el pezón y se experimenta la sensación de algo sólido (el pezón) que se puede chupar y que, al hacerlo, sale algo liquido (la leche materna). La experiencia es que esta leche nos aplaca el hambre y nos deja llenos, satisfechos y apaciguados. La experiencia es muy parecida con el biberón.

El próximo paso de conocimiento de lo sólido se da en los brazos de nuestra madre o padre que nos sostienen en el aire, contra su pecho, o sobre sus hombros. Cuando por primera vez agarramos el dedo de mamá o de papá, tenemos un conocimiento empírico directo, sin conceptualización, de lo que es un sólido texturizado de piel. Poco a poco ese dedo va adquiriendo matices y nuevos significados. Es el dedo que me hace cosquillas, los dedos que me traen la cuchara a la boca, los dedos que me quitan el pañal sucio, el dedo que me acaricia la mejilla, el dedo que me ayuda a sostenerme mientras intento dar mis primeros pasos.

Muy poco después se aprende a agarrar los objetos y a identificarlos como *"aprehensibles"*, *"sujetables"*. Lo hacemos con todo aquello que agarramos con las manos, lo movemos sobre el piso, lo tiramos, lo alzamos, lo zarandeamos, lo golpeamos, lo rechazamos, lo apretamos contra nuestro cuerpo. El intento de conocerlos adicionalmente con la boca es seguir el patrón de aprendizaje primario con que se inicia el proceso de conocimiento de la realidad, cuando agarramos el pecho de nuestra madre para aplacar el hambre.

No pasa mucho tiempo para que el bebé desarrolle internamente una clara diferenciación entre su yo-corporal y los objetos que están afuera de él, *'allá fuera'*, en el mundo de los objetos. El bebé experimenta que su yo-corporal es diferente de los objetos porque ellos no están dentro de él, están *'allá fuera'*. Para alcanzarlos, tocarlos y agarrarlos el bebé tiene que pasar por la experiencia de la distancia y el espacio. Aprende que, para llegar al objeto de interés - un juguete, un adorno de cristal sobre una mesa, un cajón de cosméticos, un ropero misterioso - tiene que desplazarse hasta donde están. Tiene que pararse y caminar la distancia que lo separa pues con el estirar la manito desde donde está sentado no basta para tocarlos. La espacialidad se aprehende como la dimensión tridimensional donde se encuentran distribuidos los miles de objetos que nos rodean y que arman la realidad de lo inmediatamente visible.

La diferenciación con lo densamente verificable

Comenzamos a sentir y experimentar la densidad de los objetos sólidos, cuando metemos las manos dentro de la sopa, el arroz, la leche, el agua. Las manos entran en ellos; no se los puede agarrar porque se resbalan. No pasa así con el juguete sólido de plástico, el biberón o la cuchara, que permiten agarrarlos pero no meterles los dedos. Podemos golpearlos contra otros sólidos y algunos se rompen, otros resisten. El concepto de densidad de los sólidos se va adquiriendo rápidamente, especialmente cuando nos golpeamos en la cabeza o nos golpean con ellos. Sentimos dolor y este se asocia con la densidad de masa, con la forma, con el peso, con el volumen, con la solidez, con la impenetrabilidad,.

Es así como los objetos, distintos al yo-corpóreo, adquieren todas las dimensiones con las cuales los conocemos: volumen, espacialidad, densidad, y solidez. Muy rápidamente estas características se imprimen en nuestro cerebro y el mundo externo a nosotros adquiere todas las dimensiones de lo que afirmamos que es la realidad sólida. Así construimos la imagen de las montañas majestuosas cuyos picachos se elevan hasta las nubes y cuyos pináculos se mantienen cubiertos de nieve. Así constatamos la existencia de cráteres volcánicos gigantescos cuyos fondos de lava roja deslizándose nos muestran algo de la misteriosa fuerza dentro de las entrañas de la tierra. Igualmente nos formamos unas imágenes muy precisas de la profundidad de las cañadas hecha por los millones de años de fluir de ríos y riachuelos que horadaron la roca hasta formar los profundos zanjones del Cañón del Colorado, los caprichosos pináculos de rocas solitarias en el desierto de Arizona, las cascadas portentosas de Iguazú en Brasil, la inmensidad de un río que parece un lago sin ribera como el río Amazonas.

Todos estos objetos inmensamente grandes, inmensamente sólidos, grandiosamente extensos, profundamente escondidos enmarcan para nosotros lo más externo, lo más imponente, lo más impositivo, permitiéndonos afirmar que existe una realidad inmediata de sólidos pequeños, medianos y gigantescos que llenan el espacio dentro del cual nos movemos, nos criamos, nos desarrollamos. Ese mundo de sólidos es sin duda, la realidad más inmediatamente constatable por nosotros, todos los días. Es la realidad de los sólidos, de los líquidos, de lo visible, de lo tangible; es la realidad donde yo, como individuo, vivo y convivo diariamente, permanentemente. El yo y los objetos 'allá fuera de mi' que veo y toco constituyen la realidad más palpable, más visible, más real e inmediata que cualquier otra. Es la definición más primaria de lo que es 'real' que desarrollamos en los primeros años de vida y que permanece como marco referencial hasta el día que nos morimos.

Capitulo 2

La Realidad física y lo objetivamente verificable "Allá fuera"

La construcción de la realidad "*allá fuera*" de nosotros mismos está compuesta por aquellos sólidos que, a medida que crecemos, experimentamos poco a poco como objetivos, medibles, reales.

Pero para llegar a esa afirmación de la realidad, pasamos por un proceso consciente o inconsciente en que objetivamos lo que vemos. Este proceso se da cuando hemos caído en cuenta que hay una realidad distinta a la personal, a la que experimento como *yo-que-veo*, como *yo-que-siento*, como *yo-que-pienso*. Se da cuando miramos a través de las barras de la cuna y comenzamos a ver camas, asientos, lámparas, paredes, '*closets*'. Se da cuando nos iniciamos como bebés en nuestros primeros pasos y para no caernos nos agarramos del borde de una mesa, de un sofá. Caemos en cuenta de ese otro mundo espacial allá fuera cuando por primera nos sientan en el caminador y podemos rodar por la casa y verificar que hay otros espacios en la misma (la sala, el comedor, la cocina, el cuarto de mamá, mi cuarto). Se da cuando mi papá o mamá me cargan en sus brazos fuertes y me llevan de un lugar de la casa al otro como si flotara por el aire.

Y a medida que crecemos la realidad '*allá fuera de mi*' simplemente se va enriqueciendo con las experiencias diarias, tales como descubrir que hay objetos que puedo llevármelos a la boca y comérmelos, otros que no me los puedo comer (juguetes de plástico) y caigo en cuenta de la diferencia en textura y densidad de los que son juguetes y los otros que son comida. Descubro la realidad de objetos que puedo modificar cuando aprendo a agarrar un martillo y clavar una puntilla para sujetar dos pedazos de tabla o cuando voy corriendo por el jardín y me caigo porque mi pie se enredó con una raíz del árbol o que si me subo en un árbol puedo ver la calle desde la altura de sus ramas, hasta el momento en que por primera vez me corto un dedo con un cuchillo y descubro la realidad de objetos que cortan. Descubro el mundo de las distancias significativas cuando tengo que caminar varias cuadras para poder llegar a la casa de mi amigo para jugar con él, cuando me lanzo por primera vez a una piscina y descubro el mundo del agua en la cual puedo flotar, nadar, hundirme; experiencia que se me amplía grandemente cuando lo hago en el río, en el lago o en el mar.

Todos estas experiencias diarias, me dicen claramente que hay una realidad allá fuera diferente de mi interioridad, de mis emociones, de mis sentimientos, de mis pensamientos, de mis miedos, de mis anhelos. Esto que veo todos los días, que experimento diferente a mí mismo, es lo que termino diciendo que es el mundo objetivo, el mundo de las cosas, el mundo de los objetos. Termino también diciendo que ésta es la realidad objetiva, o dicho de otra manera, lo que "vemos allá fuera" de nosotros mismos es básicamente lo que afirmamos que es "objetivamente real".

Lo que no somos está "allá fuera"

Tomar conciencia de esta diferenciación es muy importante para entender por qué es que hacemos afirmaciones absolutas sobre la realidad. Esta diferenciación entre lo que somos y lo que está 'allá fuera' es, en último término, la medida con la cual hacemos la distinción entre lo que somos internamente y lo que existe como 'realidad objetiva'.

Afirmar que allá fuera de nosotros existen las cosas, los sólidos, la materia equivale a afirmar de una forma indirecta que todo lo que no percibimos como yo-quien-soy, esta unidad corpórea-inteligente, corresponde a la realidad de las cosas que son y están fuera de mí. Esta diferenciación es clave para entender cómo nos percibimos diferentes de aquello que existe y puedo constatar fuera de mí, allá en el mundo de los sólidos, de la realidad objetivamente verificable como existente y diferente, separada de mí.

Lo verificable con los sentidos/instrumentos es llamado realidad "objetiva"

Sin embargo, y esto es lo más paradójico afirmamos la realidad como tal porque de alguna forma la podemos verificar como existente, separada de nosotros, allá fuera de nuestra corporeidad. La verificación la hacemos a través de los cinco sentidos con que nacemos y nos desarrollamos. Estos son los medios por los cuales comenzamos a clasificar y entender la realidad objetiva. Vemos objetos y sólidos existentes, presentes, allá, fuera de nosotros mismos. Podemos constatar con la vista que tienen forma, dimensión, densidad, color. Además los podemos tocar, abrazar, quizá levantar, y hasta medir. Podemos verificar si tienen olor; podemos colocar la oreja y oír si emiten sonidos.

Esto mismo se puede hacer de forma más potente, y más alejada de la subjetividad cuando se utilizan instrumentos que aumentan la potencia de nuestros sentidos muchas veces más. Es el caso de unos binoculares, estos nos acercan lo que está lejos a través de unos lentes apropiados, el radar que capta la presencia de otro objeto a considerable distancia porque puede capturar el rebote de las ondas emitidas por el radar; una computadora que puede hacer cálculos a velocidades fantásticas y con enormes cantidades de datos.

Con estos instrumentos que aumentan la capacidad normal de lo sentidos cientos de veces, podemos afirmar que lo observado, lo medido, lo verificado como existente fuera de nosotros mismos es aún más creíble porque la verificación se hizo con la ayuda de ellos en vez de los sentidos, que podrían 'engañarme' porque son limitados o están defectuosos. Aunque estos instrumentos no hagan otra cosa que amplificar el funcionamiento de los sentidos, sin embargo consiguen un distanciamiento mayor que el que se logra usando estos últimos.

Cuando se usan estos instrumentos se afirma que se *"elimina la subjetividad"* del observador pues el instrumento está substituyendo con creces el alcance de los sentidos. Se termina afirmando que lo verificable por los instrumentos es *'más objetivo'* que lo verificado por los sentidos, y que por lo tanto la medida de *'la objetividad'* es aún *"más confiable"*. De todas maneras los instrumentos nos ayudan a confirmar que la realidad sólida y presente es 'objetivamente real' y que se encuentra 'fuera de nosotros'. En otras palabras, lo verificable con los sentidos-instrumentos es la realidad "objetiva" sobre la cual no hay duda de su existencia y de su presencia, allá fuera de nosotros.

Capitulo 3

La Realidad física y sus diferentes niveles de existencia

Lo físicamente 'inerte' tiene un nivel interior, otra realidad "no visible"

Los instrumentos que hemos inventado para analizar los objetos 'allá fuera' nos han ayudado a descubrir que la realidad física no es sólo lo que se ve y se verifica externamente como existente. La ciencia moderna, a través de la física y de la química, nos ha permitido conocer y desentrañar en la realidad física, inerte, que existe otro nivel interior, otra realidad diferente, invisible a la que externamente vemos en las cosas, pero que es real y visible cuando se utilizan los instrumentos apropiados para observarla. Veamos algunos ejemplos de lo afirmado en un primer nivel de realidad escondida. Comencemos con algunos materiales en los cuales es relativamente fácil detectar esta realidad escondida que no vemos a primera vista.

Cristales internos

Hay rocas enteras, llamadas geodas, que tienen forma de grandes huevos ovaloides. Su superficie externa muestran una capa áspera, y de colores opacos (gris-verdoso, oscuro o un color ceniza sucio). Su aspecto externo no es atractivo, más bien sucio como una roca cualquiera, sin ningún detalle elegante. Sin embargo, cuando se corta una de estas rocas por la mitad lo primero que uno se da cuenta es que son huecas en el centro y que dentro de ellas hay un verdadero cultivo de los más vistosos cristales cuyas formas caprichosas resaltan con la fuerza y belleza de sus colores morados, púrpuras, y blanco cristalino.

Son los famosos geodas de las montañas del Estado de Montana (EE. UU.) y del Brasil.

La belleza detrás de la aspereza

Minerales como el cuarzo, y el ágata, a primera vista, solo muestran ásperas superficies pero una vez que son pulidas con maquinas especiales aparecen cristales naturales de una rutilante belleza que brillan como si tuvieran luz propia demostrando que en la osca superficie exterior de los minerales se esconde una realidad, que aunque no se ve a primera vista, esta aparece con deslumbrante belleza cuando se les pule la capa superficial que los cubre. Belleza escondida, que no por ello deja de existir.

Realidad similar se puede afirmar de los diferentes cuarzos de Brasil. En su estado bruto dan muy poco para pensar que tan descolorida y fea superficie esconda una inusitada y rutilante belleza de un cristal escondido que 'nace' al mundo de la belleza estética cuando es pulido. Un ejemplo adicional para afirmar que los objetos de la 'realidad objetiva', allá fuera de nosotros tienen una realidad interna, que no se percibe a primera vista pero que es real, que es objetiva, pero que requiere que se usen 'ojos internos', que se tenga la mente abierta para indagar y descubrir dicha realidad escondida.

El esplendor de las piedras preciosas

Si bien los minerales y los geodas son fieles a esta afirmación no se quedan atrás las piedras preciosas como la amatista, el lapislázuli, el coral negro, el ojo de tigre, el ónix. Estas piedras en su estado bruto no son atractivas. Sin embargo, su aspecto cambia radicalmente cuando se pulen esmeradamente. De su aspecto tosco y poco atractivo se convierten en piedras cuyo color resplandece con tal fuerza que parece salir de dentro de la piedra. Después de pulidas basta limpiarlas con un paño suave y los colores de estas piedras parecen iluminarse. Es otra realidad bajo la capa exterior de su estado bruto. El más elocuente de todos es el diamante. En su estado bruto no parece ser más que una vulgar piedra con aspecto de vidrio sucio, pero una vez tallada aparece en todo su esplendor la pureza del cristal, convirtiéndose en una piedra preciosa de valor inalcanzable para la mayoría de nosotros.

La geometría cúbica de lo invisible

El microscopio nos devela otro mundo, otra realidad escondida dentro de los metales que a simple vista no es posible captar o ver, ni tampoco podemos tocar. Lo que el microscopio revela de un trozo de mineral, puesto bajo su poderoso lente, es un verdadero mundo de formas geométricas cuya belleza insospechada e inusitada se encuentra escondida en su estructura íntima. La formación de dichos minerales se da con base en estas minúsculas estructuras geométricas que parecen una pintura abstracta del artista más refinado. Esta foto de un trozo de granulita del Canadá muestra una estructura interna que se asemeja a una obra de arte cubista que daría envidia a cualquier pintor de este tipo de expresión artística. Basta ver esta foto para darse cuenta de lo difícil que es concebir y plasmar en un lienzo un cuadro similar.

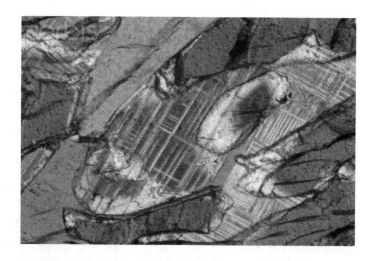

Los reinos mágicos de las cuevas

El mismo fenómeno ocurre con las cuevas que tienen enormes recintos dentro de la entrañas de la tierra. Desde afuera, su apariencia de una apertura oscura en la ladera de una montaña, o en la roca viva de una colina la cual no deja ver lo que hay en su interior porque la apertura es muy pequeña o porque la luz del sol no penetra lo suficiente para mostrar esa mágica realidad escondida dentro de la montaña. Quien no se percate de la existencia de este hueco verá una gran colina, o una montaña, o una ladera con o sin vegetación, pero si no ve el hueco de la entrada, si no se acerca a él y entra no tiene ni idea del mundo interno que esconde. El que la entrada no se vea a primera vista no quiere decir que la realidad escondida de la cueva no exista. Es otra manera de la Naturaleza de volver a decirnos que siempre hay una realidad interna que no se ve en el exterior de lo que afirmamos como '*la realidad objetiva de lo que vemos*'.

Sin embargo, cuando uno entra en ese hueco apenas visible, sorpresivamente encuentra enormes espacios internos. Cuando se alumbra el techo de algunas de estas cuevas el explorador ve espacios de gigantescas proporciones con alturas de cien metros o más. Los techos parecen estar sostenidos por formas caprichosas que cuelgan de los mismos como gotas gigantes (estalactitas formadas por la paciente caída de gotas cargadas de minerales durante millares de años). Así mismo del suelo parecen surgir otras columnas (estalagmitas) que van ascendiendo lentamente y en algunos momentos tocan, se unen con las que descienden hasta formar una sólida columna de roca viva. Como si esto fuera poco las paredes se revisten de colores esplendorosos que cobran vida cuando se iluminan. Toda esta pétrea belleza se puede apreciar y descubrir como existente solo si uno se adentra en la cueva, solo si uno admite que puede haber otra realidad que no se percibe a primera vista cuando se está fuera de la cueva.

Admiremos una de estas impresionantes cuevas como la de Son Doong (en Vietnam) que significa Montaña Cueva del Río, situada en el Parque Nacional, Phong Nha-Ke Bang, cerca de la frontera Laos-Vietnam. Desde fuera no hay ninguna indicación que dentro de esa montaña se encuentre en sus entrañas una formidable formación rocosa, una cueva de proporciones colosales. La mayor cámara de la cueva Doong Hijo (ver foto que sigue) tiene más de cinco kilómetros de longitud, 200 metros de altura y 150 metros de ancho.

La cueva Vrtoglavica situada en el interior de la montaña Kanin en la parte eslovena de los Alpes Julianos, cerca de la frontera entre Eslovenia e Italia tiene el récord de ser la gruta vertical más profunda con 603 metros (1.978 pies).

Minerales radioactivos

Los minerales radioactivos son aún más elocuentes para hablarnos de una realidad interior, detrás de la apariencia externa. Ejemplos de estos son el uranio y el plutonio enriquecido que pueden dar una apariencia deslucida. Sin embargo, bajo un instrumento de medida de la radioactividad, el contador Geiger, estos minerales muestran una vida interior propia, una energía expelida desde su interior como rayos alfa, beta, o gama con una intensidad tal, que puede penetrar la piel de una persona y quemar sus células internas hasta causarle la muerte. Este poder destructivo de la energía radioactiva no se ve, no es evidente al ojo que contempla estos minerales. Su vida interior de radioactividad no es visible para quien los toca y los examina, pero sus rayos destructivos son tan reales que la persona expuesta a ellos puede enfermar y morir.

La estructura de los sólidos

Los objetos sólidos a primera vista son eso mismo, sólidos. No los podemos romper fácilmente, no les podemos meter los dedos porque estos se nos quiebran, no podemos romperlos fácilmente al menos que usemos un mazo, un taladro, un martillo o un serrucho. Son sólidos porque su superficie es muy densa, tan densa que no deja que otro objeto los pueda traspasar como si lo permite el agua, el aire, los gases.

Esta solidez tiene una realidad interna que no se ve a simple vista. Es la cohesión que se da entre las moléculas de su composición. Sus átomos están tan estrechamente entrelazados que el campo de la densidad se vuelve la realidad visible que conocemos. Sin embargo, al nivel nuclear la composición densa de un sólido se da en la medida en que millones de núcleos se enlazan unos con otros por la fuerza de sus cargas electromagnéticas. La solidez la termina dando la aglomeración de estos núcleos y electrones que se unen eléctricamente con otros creando las estructuras básicas de todos los sólidos conocidos con sus propiedades específicas.

Veamos la estructura del agua que por su sencillez permite entender fácilmente el concepto. Según los científicos esta sería su organización atómica:

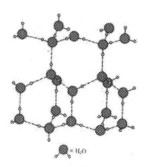

Pero como hemos advertido este es apenas un líquido. Otra es la complejidad de átomos entrelazados en un sólido más denso. Los sólidos más densos obviamente tienen una organización atómica más compacta como el plomo cuya configuración, según el artista, sería algo parecido a la siguiente imagen:

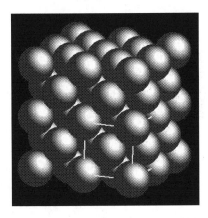

Esta composición, esta configuración atómica de los sólidos ciertamente que no se ve a primera vista. Su existencia no se pudo comprobar hasta el invento del microscopio electrónico que finalmente nos confirmó lo que los físicos habían afirmado en teoría, que a ese nivel atómico la realidad de los sólidos era muy diferente a la realidad que aparecía al observador casual que no ve más que un 'objeto sólido', como por ejemplo, una mesa, un carro, una tubería de plomo.

Esta realidad externa es apenas el caparazón que esconde en su interior una compleja madeja de moléculas entrelazadas en tal forma y organización que, en efecto, dan la superficie sólida que experimentamos cuando tocamos un objeto, cuando lo serruchamos, cuando lo golpeamos, pero que aparecen en otra dimensión de organización y expresión visual cuando lo observamos con un instrumento tan poderoso como el microscopio electrónico.

El sustrato más íntimo de la materia

Sin embargo, esta realidad interna de la composición de los sólidos por agrupación de moléculas no es la última realidad de la materia. Los físicos atómicos (Ernest Rutherford, Niels Bohr, Max Planck, Albert Einstein) nos abrieron otra puerta de otro nivel de realidad de la materia cuando afirmaron que la estructura última de la materia está compuesta por una organización subatómica cuyo diseño y organización no solamente es sorprendente, sino que a la vez se asemeja a la estructura misma de nuestro sistema solar conocido. Esta estructura, en su primer nivel más elemental, está compuesta por un núcleo central configurado por partículas más elementales llamadas protones y neutrones. Alrededor de este núcleo giran, con asombrosas velocidades, una serie de partículas negativas eléctricas llamadas electrones. Estos giran alrededor del núcleo en orbitas circulares y ovoidales.

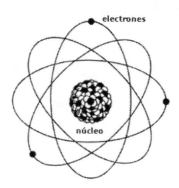

electrones

núcleo

Podemos imaginar a los protones y neutrones como un racimo de partículas, pues se encuentran en contacto unos con otros. Los electrones tienen carga eléctrica negativa (-e), mientras los protones la tienen positiva (+e), y los neutrones no tienen carga. Los núcleos son por consiguiente positivos. La fuerza fundamental que mantiene a los electrones unidos a su respectivo núcleo es la fuerza eléctrica dado que cargas opuestas se atraen y cargas del mismo signo se repelen.

El neutrón muestra otro nivel de realidad que no se conocía en la primera formulación del átomo. Los físicos modernos afirman que tiene partículas subatómicas elementales conocidas como 'quarks' que se encuentran agrupadas por la fuerza electromagnética fuerte. Existen otros elementos llamados los leptones, el tau, el muón, y los neutrinos que están sujetos a su vez por la fuerza electromagnética débil. Algunos científicos hablan de otros elementos fugaces que se pueden detectar en millonésimas de segundo cuando se bombardea el núcleo con partículas aceleradas. Estos varían en número y nombres según los proponentes de los mismos.

Los átomos normalmente son eléctricamente neutros, pues el número de electrones orbitales es igual al número de protones en el núcleo. A este número se le denomina número atómico (Z) y distingue a los elementos químicos. Los electrones orbitales se encuentran colocados en capas. La capa más cercana al núcleo es la capa K; le siguen la capa L, la M, la N, etc. La clasificación de los elementos es lo que hoy conocemos como la tabla periódica, en la que, a cada elemento, se le asocia su correspondiente Z.

Como si ya estos dos niveles de nueva realidad no fueran suficientes, los científicos modernos han descubierto otra dimensión a nivel subatómico denominada como la dimensión cuántica de la materia que se refiere al comportamiento de las partículas elementales. Werner Heisenberg formuló uno de los principios revolucionarios de la física cuántica en 1926 conocido como el principio de incertidumbre que afirma que no podemos predecir con certidumbre los resultados de los procesos físicos a ese nivel porque no están determinados por leyes de certidumbre. Así como el electrón puede manifestarse en momentos como un corpúsculo, de igual manera se puede manifestar, en otros, como una onda electromagnética. Aparentemente lo que hace que la aparición sea de una o la otra forma está directamente vinculado a la intención, a la expectativa que tenga el observador de obtener uno u otro resultado, pues cuando se tenía de antemano la sospecha de que se iba a manifestar como corpúsculo así lo hacía, y a la inversa, cuando esperaban que fuera a manifestar como onda así lo hacía. Pero, en sí, la partícula no tiene posición ni manifestación definida durante el tiempo que transcurre entre su posición inicial y su posición final.

El físico Richard Feynman (1918-1988) se dio cuenta que cuando las partículas son disparadas de una fuente a una pantalla que tiene enfrente una lámina con dos orificios o rendijas estas partículas no tienen una posición definida, sino que toman todos los caminos posibles para llegar a la pantalla o sea que no sólo toman los caminos que les permiten pasar por la rendija de la derecha o la de la izquierda sino también por los que cruzan las dos rendijas simultáneamente y por direcciones diferentes. (1)

Estos descubrimientos colocan la realidad íntima de la materia en un nivel de existencia virtual en la medida en que la manifestación de la materia en el mundo visible, en la realidad espacio-temporal es más el resultado de una serie de probabilidades que de una predicción de certidumbre. Si esto es real, como los experimentos modernos parecen defenderlo, entonces estamos frente a una realidad que está constantemente por ser determinada, y que dicha determinación se hace con base en la intervención que nosotros u otras fuerzas externas tenemos sobre ella.

Entramos de esta manera en un universo de potencialidades inespacio-temporales no de determinismos físicos impuestos por leyes fijas del obrar de la naturaleza. Por el contrario, nos coloca en la realidad virtual donde la intencionalidad de nuestro obrar es un factor crucial en la definición de la realidad por constatar. Esta forma de ver la realidad a ese nivel parece contradecir las leyes newtonianas de la macro física, o dicho de otra manera, devela otro nivel de la realidad que no se puede constatar a primera vista observando el exterior de la materia sólida.

Esta presentación de la realidad interna del átomo está súper simplificada porque la intención no es dar una explicación científica detallada sino simplemente volver a enfatizar que la realidad física, objetiva que vemos 'allá fuera' de nosotros no es 'Toda' la realidad. Cada cosa que vemos y creemos conocer nos demuestra que esconde al interior de sí misma una realidad adicional, que por más que no la podemos ver y constatar a primera vista, no por eso quiere decir que no exista. Esta realidad subatómica es quizá la más espectacular de todas las realidades escondidas dentro de la aparente realidad de los sólidos que no puedo penetrar con mis dedos sino que requiero de taladros, martillos, o de instrumentos cortantes que finalmente horaden su sólida capa externa. Pero, pasado este caparazón aparentemente impenetrable y denso, se encuentra, al nivel microscópico, un vacío, un espacio interno de la magnitud del sistema solar nuestro conocido. Es una magnifica e imponente descripción que nos permite "ver" la otra dimensión de los sólidos, su vacío espacial, a nivel subatómico.

Y como si fuera esto ya una explosión de todos los esquemas que nos habíamos acostumbrados a usar para afirmar algo sobre la realidad que nos diera una seguridad de que lo afirmado era constante, los astrónomos modernos nos fuerzan una vez más a modificar la interpretación de la realidad cósmica con las nuevas teorías sobre el universo. Una de las más sencillas que nos ha forzado a concebir, imaginar el universo como totalidad es la de que el universo en este momento se encuentra en una fase de expansión acelerada en la cual las galaxias mismas se están alejando las unas de las otras a velocidades inconcebibles. De ser esto cierto (y hay suficientes indicadores para afirmarlo) quiere decir que debemos creer y aceptar que estamos viviendo sobre un planeta que está, al mismo tiempo, viajando en el universo a velocidades increíbles por el sólo hecho de ser un minúsculo planeta inmerso en nuestra galaxia. Y esto lo tenemos que aceptar como realidad cósmica aunque de hecho no sintamos en ningún momento que estamos viajando en el espacio a estas velocidades.

Igualmente nos obligan los físicos a empujar la imaginación para poder concebir otros niveles de realidad del universo cuando afirman la existencia de varias realidades 'no visibles' con un modesto telescopio. Una de esas realidades es la existencia de 'agujeros negros' que son singularidades dentro de las cuales la fuerza de gravedad es de tal potencia que nada puede escapar de ella, incluida la luz. Estos agujeros negros aparentemente se encuentran en el centro de cada quásar y los astrónomos estiman la posibilidad de 300 millones de ellos en el universo conocido. (2)

Para hacer más complicada la visión del universo, los científicos ahora afirman que la totalidad del universo está compuesta de un 4% de materia normal, un 25% de 'materia oscura' y un 75% de 'energía oscura', que parece ser la causante de la expansión actual del universo. De ser esto verdad, quiere decir que hay un 96% de universo por conocer. (3)

Hoy en día se está imponiendo 'la teoría M' que postula la existencia de universos alternos con leyes aparentemente diferentes según como esté curvado el espacio-interno. (4) Si esto es realidad y dichos universos tienen sus propias leyes, el nuestro quedaría entonces relativizado a una de esas dimensiones alternativas que los otros universos postularían. Sería una revolución mental adicional a la que ya estamos sometidos con los descubrimientos modernos de lo que llamamos realidad objetiva.

Después de ver someramente estas dimensiones alternativas a la primera percepción de realidad que tenemos cuando hacemos juicios y categorías de lo que vemos a primera vista, podemos concluir categóricamente que siempre, al interior de la realidad externa de los objetos físicos, aun los más duros como la piedra, hay otra dimensión, la interna, que frecuentemente encierra en sus entrañas una realidad de una belleza sorprendente, una organización estructural espectacular, un universo de sub-realidad tan complejo como el que vemos en primer contacto con dicha realidad 'objetiva'.

Todo lo orgánico tiene otra realidad interior, "no visible"

Cabe ahora preguntarnos si esta misma dimensión de la 'otra realidad escondida' se replica a nivel de los seres vivos, los animales, las plantas. Tienen ellos, replican ellos una organización, una realidad no visible en forma similar a la realidad que esconden los sólidos no-vivos?

La respuesta es 'Sí'. La realidad de los seres vivos tiene un nivel paralelo de otra realidad objetiva, no visible a simple vista, como la tienen los objetos no-vivos. Igual que los sólidos, la materia orgánica tiene una superficie externa que da la impresión de ser uniforme, sólida. Algunas veces muy densa y fuerte como la corteza de un roble, la coraza de un cocodrilo o de una tortuga; la piel de un puerco, de un gorila, de una vaca. Otras veces la primera capa da la apariencia de frágil delicadeza como la superficie de una hoja o de una flor, las alas de una mariposa. Independientemente de la dureza de su superficie esa superficie externa del animal o de las plantas ofrece una resistencia obvia que obliga a usar un cuchillo o un bisturí para cortarlas.

Al abrir un animal lo primero que se ven son unidades orgánicas a las que les hemos dado nombres individuales para distinguirlas. Así tenemos los riñones, el corazón, los intestinos, los pulmones, el estómago, el hígado, y los múltiples y diferentes músculos en los animales. Además se encuentran organizados dentro de cada cuerpo varios sistemas como el nervioso, el circulatorio, el sistema auditivo, el visual. Pero ésta es apenas la realidad más inmediata, la que se ve a primera vista.

Sin embargo, cuando se toma un fragmento de cualquiera de estos órganos, de la piel o de las plantas, y se estudia con la ayuda de un súper potente microscopio, nos quedamos maravillados al "ver" una realidad interna de increíble complejidad. Observamos que cada órgano está compuesto por tejidos organizados de tal forma que todos contribuyen a que el órgano tenga vida y lleve a cabo la función específica para la cual está diseñado. Los tejidos que conforman el órgano, están, a su vez, compuestos por unidades aún más pequeñas llamadas 'células'. La célula es la unidad básica de la vida. Todos los organismos están compuestos por células (hay algunos que sólo tienen una). Cada una de ellas tiene una organización específica de acuerdo a su función, pero a la vez comparte elementos comunes con las otras células de los otros órganos.

Cuando se 've' la célula animal en su interior con el instrumento adecuado se descubre que cada una tiene una estructura interna; tiene una estructura autónoma de materia viva constituida por una membrana externa plasmática, una materia interna, el citoplasma que contiene muchos elementos diferentes, y en el centro se observa un núcleo en cuyo interior hay un material genético o ADN y todos en su conjunto tienen la capacidad de realizar tres funciones vitales: nutrición, relación y reproducción. (5)

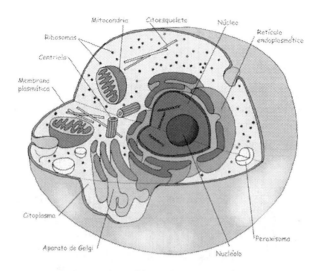

El núcleo de la célula es una estructura constituida por una doble membrana, denominada envoltura nuclear que rodea al ADN de la célula separándolo del citoplasma. El medio interno se denomina núcleoplasma y en él están sumergidas, más o menos condensadas, las fibras de ADN que se llaman cromatina y corpúsculos formados por ARN conocidos como nucléolos.

Allí dentro de la célula se han descubierto, se han visto con el microscopio electrónico, unidades aún más primarias que las células, y estos son los genes. Dentro de ellos se encuentran los cromosomas y dentro de ellos están los hilos de ADN y RNA que se convierten en las cadenas entrelazadas de proteínas que dan origen a todo lo vivo. (6)

Conclusión

Todos los científicos que han participado en esta increíble aventura de descubrimientos han quedado maravillados por la complejidad expresada en estas realidades microscópicas.

¿Cuál es la realidad más "objetiva", más válida para hablar y afirmar algo sobre la realidad externa a nosotros mismos? ¿La que vemos en la superficie o la que constatamos existente bajo el microscopio?

¿Será la realidad que vemos y palpamos en forma inmediata la más auténtica, la más válida, o será más objetiva, más importante esa otra realidad interna que hemos desglosado, la que de hecho conforma la estructura vital del objeto pero que no es visible al ojo pero si bajo el microscopio? ¿Y si no tuviésemos estos instrumentos para "ver y detectar" la dimensión no visible, querría decir que no son objetivamente existentes? ¿O quiere más bien decir que son y devienen objetivamente válidas para nosotros en el momento en que las "descubrimos" y no antes?

La respuesta no está en excluir una realidad o la otra. Ambas realidades son igualmente válidas, igualmente objetivas, igualmente medibles y observables.

Una vez descubiertas estas realidades, hemos ganado ese conocimiento para todos los que de alguna forma tendrán la oportunidad de escucharlo, de aprehenderlo, de conocerlo y a partir de ese momento la realidad total estará compuesta por la realidad objetiva visible a primera instancia más la realidad no visible, pero no menos real de la intimidad del objeto. Lo que queda claro de este recorrido es que con aquello que llamamos "realidad objetiva" nos referimos por lo general a lo primero que vemos físicamente, 'allá fuera' de nosotros y que lo percibimos de tal o cual cualidad, tal o cual dimensión, tal o cual densidad, tal o cual característica.

Lo segundo que establecimos es que esta "objetividad" es, por lo general, una realidad externa, una realidad primaria, una realidad 'superficial'. Siempre que indagamos más profundo en cualquiera de estas "realidades objetivas" descubrimos que hay uno o más niveles de realidades dentro de la primera apariencia. Siempre hay un universo adicional que está escondido bajo la capa superficial de la realidad conocida a primera vista. Lo que hemos descubierto es que todo sólido, toda realidad objetivamente visible, verificable por nuestros sentidos, normalmente está compuesta de varios niveles de existencia microscópica.

Este análisis nos permite afirmar que la realidad "allá fuera" de nosotros no es una sola, no es ni siquiera la que solemos afirmar que es la "realidad objetiva" porque la "vemos, la tocamos, la percibimos". Lo que hemos establecido es que toda "*realidad objetiva*" está compuesta de varios niveles de otras realidades, y que por lo tanto la "*realidad objetiva*" es ante todo "*multidimensional*".

Todos estos niveles en su conjunto son los que realmente constituyen la "*realidad objetiva*" de cualquier cosa, pero que, sin conocerlos, no podemos afirmar que lo que primero "*vemos*" y sobre lo cual hacemos un juicio que agota la "*realidad*" de cualquier objeto. Todo objeto, toda cosa tiene varios niveles de realidad objetiva. Esto es lo que queremos dejar claro con la afirmación del título de esta parte de nuestra investigación cuando decimos que la realidad dentro de la cual nos movemos, respiramos, llevamos a cabo nuestro diario vivir es una **realidad multidimensional.** Y que esta realidad multidimensional de todos los objetos y cosas '*fuera de nosotros*' es la realidad completa, no la que percibimos a primera vista con los sentidos. Este es apenas el punto de entrada para conocer la realidad completa de todo lo que es, que es mayor y más compleja de la que captamos en un primer nivel de percepción.

Referencias

Capítulo 3

1) Stephen Hawking. *El Gran Diseño*, pg. 81-96
2) Comings, David. *Did Man Create God ?*, pg. 245
3) Idem, pg. 243
4) Stephen Hawking. *El Gran Diseño*, pg. 136
5) Google. *Estructura de la Célula. pbhscélula.blogspot.com/*
6) Idem

Capitulo 4

La Realidad dependiente de la afirmación de su existencia

Hemos visto que la realidad objetiva, 'allá fuera' de nosotros se nos presenta con un primer nivel de existencia objetiva, aquella que vemos, tocamos, medimos, olemos, estudiamos sus características externas, las clasificamos y creamos de ellas conceptos, imágenes que nos permiten referirnos a dichos objetos de una manera que todos podemos captar de qué estamos hablando cuando entramos en contacto, vemos y captamos dicha realidad objetiva. Pero hemos descubierto que al interior de estos objetos se da una realidad escondida con extraordinaria complejidad que, aunque está escondida, no visible, no por eso es factualmente menos real; no por eso deja de ser esencia misma de la realidad objetiva externa que sí vemos.

Esta doble realidad de los objetos — la visible externa y la invisible interna — están intrínsecamente ligadas a nuestra afirmación de su existencia. Sin ese indisoluble nexo dicha realidad objetiva queda suspendida en la realidad virtual. Veamos en detalle por qué hacemos esta afirmación y por qué este capítulo tiene el título que tiene.

¿Es real lo no-conocido?

Esta pregunta es auténticamente válida y no es una simple proposición lógica o curiosidad filosófica. No existe para mí o cualquier otra persona la realidad que no sea otra que la afirmada como tal. Para que cualquier cosa sea real para mí, es absolutamente indispensable que yo pueda decir algo de ella; requiere y depende de esa afirmación para que exista para mí. Esto es cierto aún con la realidad que yo invente con mi imaginación y esta no pueda ser confirmada como existente fuera de mi imaginación, por ejemplo un Unicornio, un extraterrestre.

Aun esa realidad solamente pensada requiere ser afirmada. No puede comenzar a existir para mí, o para otro, ni siquiera como tema de discusión, si no hago la afirmación de que podría existir. Aunque haga el ejercicio solitariamente, en el solo hecho de pensar dicha realidad y expresármela silenciosamente a mí mismo, en ese preciso instante, estoy afirmándome que dicha realidad imaginada es real en mi imaginación, existe en ella como una imagen, como un concepto, como un conjunto de impulsos energéticos en mi cerebro.

Así pues, volviendo a la pregunta, ¿es real lo no-conocido?

La pregunta en sí misma es un sin-sentido. Si hago esta pregunta, si la formula otra persona, aun como una hipótesis, la hace alguien que es un ser consciente con capacidad de conocer y de hacer afirmaciones sobre realidades conocidas, o por conocer. El concepto de no-conocido conlleva en sí mismo una contradicción porque no se puede hablar de algo no-conocido. En el hecho de afirmar que esto es una probabilidad, en ese mismo momento, se le ha dado vida al mismo concepto de probabilidad.

No se puede hacer una afirmación de conocimiento sino es en base de una comprensión, una aprehensión de la realidad conocida, aunque ésta sea solo imaginada. Para el hombre todo lo conocido es real, todo lo real es conocido.

¿Existe algo fuera de su afirmación de existencia?

Aunque parezca extraño, se debe afirmar sin miedo, que para el hombre que conoce, que aprehende la realidad objetiva, no puede existir algo allá fuera que no pueda ser afirmado. Si no es cognoscible de alguna forma, si no es aprehendido por la conciencia-mente, no forma parte de la realidad objetiva que el hombre puede verificar como existente, como afirmable. La realidad en ese sentido está condicionada a la afirmación de existencia que el hombre haga de la misma, pues es solo en función de dicha afirmación que el hombre puede apropiársela. Si no puede hacer esto, esa realidad es virtualmente inexistente para él o para cualquier otra persona que no pueda afirmarla.

La realidad en este sentido es una realidad que tiene existencia y en virtud de la misma solo tiene existencia cuando entra en el ámbito de ser-realidad para la conciencia-mente que le imprime y extrae sentido de existencia. La realidad, aislada de la conciencia del hombre no tiene sentido, no tiene razón de ser ni de existir para el hombre. Es y existe para ser aprehendida por una conciencia reflexiva que es capaz de darle existencia a lo afirmado en la medida que la devela, en la medida en que la nombra, en la medida que la afirma existente de tal o cual manera, con tales y tales propiedades; que las afirma porque las somete a la rigurosidad del estudio, de la comprobación, de la verificación empírica, del análisis fenomenológico, de la reflexión analítica y la crítica rigurosa.

Para el hombre no hay nada potencial por existir que no sea primero afirmado por su conciencia inteligente que descubre su presencia en la dimensión espacio-temporal, en primer instancia, y aun en la inespacio-temporalidad cuando la existencia de dicha entidad se comprueba que existe en esa dimensión potencial. Sin ésta afirmación, nada está presente para nadie. Solo en ese momento de afirmación de existir es que el objeto comienza a tener presencia-existencia para quien lo afirma. Esta presencia-existencia queda condicionada al momento histórico en que un hombre o una mujer la afirmó existente, independientemente de si ha existido 'objetivamente' cientos o miles de años antes en algún punto del universo, en algún momento de la evolución. Antes del momento e instante de la afirmación de su existencia es una 'realidad' vacía, sin sentido, pues no ha recibido la afirmación que le da la existencia cuando es descrita, nombrada, clasificada, estudiada, y consignada en el concepto, en la tesis, en el diccionario, en la enciclopedia, en el tratado, en el discurso, en la obra literaria, en el lienzo del artista, en la pantalla del computador.

Y lo más paradójico de todo es que puede haber existido y seguir existiendo sin haber sido afirmada por una conciencia inteligente, puesto que su existencia, en esencia, no depende de ser afirmada para devenir existente. Esto ocurrió por millones de años con los cientos de procesos, cosas, animales y especies que antecedieron a la aparición de la conciencia inteligente. Demos un ejemplo de lo que acabamos de afirmar. Tomemos una piedra (es un objeto al cual le hemos dado este nombre para designar esa realidad) y nos preguntamos ¿cuántos años puede tener la misma? Para definir su existencia en años tuvimos que encontrar una forma de conocer su permanencia en el tiempo. Lo logramos en los laboratorios con una prueba, la del Carbono (que es un elemento que se descompone a una velocidad constante, verificable y extrapolable). Esto nos permite someter la piedra a ese análisis y concluir que tiene tantos miles o millones de años de existencia.

Sin embargo, para el hombre esta realidad no tuvo existencia, no adquirió realidad-de-ser, sino en el momento en que la descubrió con las investigaciones arqueológicas y análisis de laboratorio. Solo en el momento en que la ciencia creó el método para leer las capas geológicas de la Tierra pudo "descubrir", "sacar a luz", "desentrañar", "develar", "confirmar", "afirmar", "decir", "narrar" una historia fantástica de millones de años de formación. Antes de eso era una entidad que existía a la par de miles y miles de hombres que no la "vieron" y por lo tanto no dijeron nada de ella, no adquirió significado alguno para el hombre en el momento histórico en que convivía con ella.

Más aún, solo hasta que apareció la conciencia inteligente del 'homo sapiens', hubo una afirmación de la existencia de la piedra y esta comenzó en ese momento a tener existencia para dicho hombre y obtuvo plenitud de sentido cuando la usó para convertirla en un hacha, en la punta de una lanza, o de una flecha, en un mazo, en una rueda, en una vasija, en una estatua. Solo hasta ese momento es que dicha piedra comienza a tener plenitud y sentido de existencia, en la medida que fue develada su razón de ser: la de convertirse en ese momento en un instrumento para el sostenimiento y la evolución del hombre, o en un objeto más, de la multitud de objetos existentes, que recibe una explicación del por qué de su existencia, sea porque queda clasificada, adquiere un nombre específico, se afirma cuál es su composición intrínseca, se le otorga un valor, o una función; en breve, se le otorga un nivel de existencia dentro de la conciencia del hombre que no tenía antes de ser afirmada como tal.

La Tierra-madre se preparó durante miles de millones de años para dar a luz la especie del homo sapiens. Mientras eso ocurría no había ninguna consciencia espacio-temporal que afirmara algo del por qué la Naturaleza era como era, para qué servía, cómo se relaciona el hombre con ella, y en qué medida ella, sin consciencia reflexiva, adquiere pleno sentido de ser. El hombre aparece, pues, como el puente que le brinda a la Naturaleza una teleología de sentido cuando afirma su existencia y devela dicho sentido. Es necesario que aparezca el hombre para que, con su conciencia, descubra la realidad de ser de dicha Naturaleza, la afirme, le imprima sentido y construya una nueva realidad con ese hallazgo.

El hombre, al relacionarse con la Naturaleza en esta dimensión le da sentido a su existencia en la medida que la afirma como tal, que descubre su puesto en la evolución, lo afirma, lo coloca en contexto evolutivo y le da a esa interpretación una dimensión de sentido que ella, la Naturaleza, no lo puede hacer puesto que su característica intrínseca no es la de ser auto-consciente como lo somos nosotros, sino de ser lo que es y evolucionar según las leyes internas que guían y sostienen esa Evolución. Una guía inteligente que no requiere de la presencia del hombre para continuar su proceso evolutivo. Pero solo en la medida que una conciencia inteligente hace la afirmación que acabamos de hacer, solo en ese momento, dicha realidad de la Naturaleza adquiere su plena razón de ser, devela su razón de ser, permite ser afirmada en su razón de ser.

El sentido creador del hombre cuando afirma-nombra la existencia de lo objetivo

Hay algo aún más profundo en lo que acabamos de decir. Cuando el hombre afirma y nombra la existencia de lo objetivo, de lo que está 'allá fuera de él' y lo afirma como existente, este acto en sí, es un acto creador.

El verbo, la palabra que el hombre emite sobre cualquier objeto fuera de él, o cualquier emoción dentro de él, tiene la característica de convertirse en una palabra creadora. En ese acto de nombrar, de identificar, de singularizar la realidad, en ese momento le imprime a esa realidad un nuevo nivel de existencia, el de formar parte integrante de la realidad percibida por la conciencia y la inteligencia del hombre. Allí donde el verbo y la palabra dicha sobre cualquier cosa objetiva se manifiesta, allí en aquel preciso momento, adquiere *"creación de sentido"*, que antes de esa afirmación, no la tenía, pues no había una conciencia afirmante que develara la singularidad de su realidad y le otorgara individualidad, existencia en la conciencia, sentido de existencia. En este sentido la Naturaleza entera adquiere un nuevo nivel de realidad.

Este es el poder intrínseco que tiene la palabra del hombre: la capacidad de darle a lo nombrado, a lo señalado, a lo identificado, una nueva dimensión de existencia otra que la de simplemente *'ser-existir'* en el espacio y en el tiempo. Le da en ese momento una dimensión de ser-con-sentido, pues antes de entrar en el mundo de lo nombrado, simplemente era-existía y se desarrollaba o permanecía en el tiempo según las leyes intrínsecas de su existir y desarrollo, que paradójicamente *'no adquieren existencia'* ni *'sentido de existencia'* sino en el momento que afirmamos la existencia de dichas leyes.

La sola expresión verbal o escrita es ya una forma de creación que es nueva a la anterior de ser-en-el tiempo de las cosas. Este es el gran poder que tiene el hombre, el que define, el que clasifica, el que explica, el que relaciona, el que desentraña, el que destruye como el que crea. Es el poder de la Palabra humana que da pleno sentido de existencia a lo que objetivamente se encuentra como ser-ahí, indiferente, que está disponible incondicionalmente para ser precisamente nombrado, señalado, desentrañado, entendido, comprehendido; para recibir sentido de existencia, plenitud de explicitación, integración en el desarrollo evolutivo de la conciencia universal.

El nombre que le damos a las cosas o a las personas; las palabras que usamos para explicar su composición, para definir su potencialidad, para desentrañar su sentido, para comprender su realidad íntima es el gran poder creador del hombre. Sin estos nombres, sin estas palabras la realidad *'allá fuera'* de nosotros no tiene sentido-de-existencia, no adquiere plenitud de funcionamiento, no es convertida en una nota más del consorcio de notas que el hombre ensambla con su palabra creadora para convertir la naturaleza, los objetos y las personas en las piezas vivas de una sinfonía planetaria.

Palabra creadora que le da un poder que no tiene ninguna otra criatura o cosa que existe en la Naturaleza. Poder sublime que convierte al hombre en ese momento en guía y piloto de su propia evolución y de la evolución del planeta tanto cuanto que puede alterarlo con el poder de su palabra creadora que inventa, diseña y construye las máquinas, las intervenciones masivas que modifican la ecología, el clima, envenena el aire y contamina los ríos, los lagos, y los mares con todo el desperdicio tóxico que masivamente produce y vierte en ellos.

Mientras exista el hombre, este ser autoconsciente con el poder de su palabra creadora, en este o cualquier otro planeta, el universo inmediatamente queda ligado a su presencia y a su palabra creadora, tanto para la afirmación de ser, de existir, como para la afirmación del sentido de su existencia. Sin esa palabra, sin ese hombre, el universo entero permanece desconocido, se mantiene no-afirmado, sigue en el anonimato de su rutilante luminosidad que no es percibida por nadie y por lo tanto continua en una existencia virtual pues no ha sido afirmada como tal.

SEGUNDA PARTE

EL HOMBRE
MULTIDIMENSIONAL

Capitulo 5

La Realidad íntima del los órganos y el cerebro

Hemos visto en detalle cómo la realidad objetiva, 'allá fuera del mi' es una realidad multidimensional que comienza con la aprehensión y la afirmación primera de que dicha realidad existe fuera de mi, tiene tal dimensión, tal textura, tal densidad, tal color, sabor etc. Después descendimos a un siguiente nivel y descubrimos que los objetos existentes allá fuera tienen una realidad interna, no visible que quedó bien manifestada en las piedras cuyo interior esconden extraordinarios y bellísimas formaciones de cristales. Lo verificamos en las majestuosas cavernas cuyas columnas de piedra, enormes recintos y alucinantes colores develan un mundo subterráneo imposible de detectar cuando se está afuera y no se ve más que un hoyo de entrada oscuro en la ladera de una montaña probablemente escondido por la vegetación a su alrededor.

Después ahondamos en el siguiente nivel de realidad de los objetos y descubrimos que estos están constituidos por una organización geométrica de elemental simplicidad o por una aglomeración increíble de moléculas entrelazadas de tal forma que el objeto se vuelve denso, sólido. En el mundo de los seres vivos dicha complejidad se da primero a nivel de los órganos que conforman el total del animal o de la planta. Después descendimos a otro nivel de realidad que se encuentra en las células que componen los órganos y que no pueden verse sino con un microscopio de altísima potencia. A este nivel se da otra realidad, la de la composición de cada célula con su membrana plasmática y su citoplasma que contiene el material genético o ADN de donde salen las especificaciones de todos los órganos.

El próximo nivel de realidad que descubrimos dentro de todo objeto es el nivel de su organización atómica. Esta está compuesta, a su nivel más elemental, de un núcleo alrededor del cual giran en orbitas circulares y ovoidales, con asombrosas velocidades, una serie de partículas electrónicamente cargadas llamadas electrones. El núcleo, según los científicos, está compuesto de partículas elementales, los protones y neutrones. Dentro de estos se dan otras partículas sub-atómicas como el tau, el muón, y los neutrinos.

Todos estos niveles de la realidad de los objetos no los vemos a primera vista, con los ojos. Necesitamos instrumentos de alto poder que develan dicha dimensión invisible, pero real, existente. No verla no significa que no existe, sino que simplemente no percibimos dichos niveles de realidad interior cuando solo vemos el objeto en su macro-realidad.

Cabe preguntar enseguida. ¿Se da en el hombre una realidad multidimensional similar a la que encuentra en la realidad de los objetos 'allá fuera' del hombre?

La realidad escondida en los órganos del hombre

Paralelo al mundo orgánico de las plantas y los animales, dentro del hombre se da una realidad escondida, una realidad que se encuentra dentro del caparazón del esqueleto y de la piel que lo cubre todo. Cuando se abre el cuerpo de una persona se descubre que está lleno de órganos que forman sistemas que están entrelazados tanto físicamente como en sus funciones. Así se dan los sistemas de la respiración, de la digestión, de la circulación, del sistema nervioso que tienen a su vez órganos específicos dedicados a funciones vitales especificas, como por ejemplo el corazón que debe bombear la sangre a todo el cuerpo, las arterias llevar dicha sangre, las venas devolver la sangre al corazón. Está el sistema digestivo con la boca, la saliva, el estómago, el intestino delgado, el intestino grueso y el

- 54 -

hígado todos contribuyendo con un paso del proceso de transformar el alimento ingerido en proteínas, vitaminas, y azúcares que el cuerpo requiere.

Cada órgano, tanto en los animales como en los hombres, está compuesto por miles de células. Similar a la realidad escondida en los órganos de los animales, los órganos humanos están compuestos por células que a su vez tienen una composición similar a la que vimos en el capítulo 3 pero que obviamente difieren de las células de los animales en las funciones pues las del hombre o son más complejas o simplemente diferentes.

Sin embargo, es en este nivel de intimidad de la célula donde se encuentra, en el núcleo, la cadena similar de la doble hélice del ácido desoxirribonucleico (ADN), que origina la vida, que contiene las instrucciones genéticas usadas en el desarrollo y el funcionamiento de todos los organismos vivos conocidos y algunos virus. El papel principal de moléculas de ADN es el de ser portador y transmisor entre generaciones de información genética. El ADN a menudo es comparado a un manual de instrucciones, ya que este contiene las instrucciones para construir otros componentes de las células, como moléculas de ARN y proteína que define el cómo se desarrollan los órganos en sus diferentes funciones y en cómo se relacionan con los demás órganos para que el cuerpo funcione en equilibrio, en armonía para el bienestar de la persona. Los segmentos de ADN que llevan esta información genética se llaman genes.

La molécula de ADN es una hélice larga y doble, semejante a una escalera de caracol. Los eslabones de esta cadena, que determinan el código genético de cada individuo, se componen de pares de cuatro tipos de moléculas denominadas bases (adenina, timina, guanina y citosina). La adenina se empareja con la timina y la guanina con la citosina. El código genético está escrito en tripletes, de manera que cada grupo de tres eslabones de la cadena codifica la producción de uno de los aminoácidos, los cuales son los componentes que constituirán las proteínas. En esta hélice se encuentran los cromosomas que son 23 pares en cada persona y están encargados de determinar el sexo de la persona. (1)

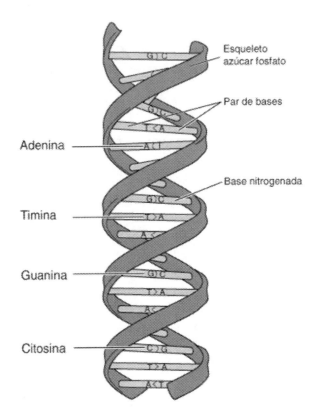

Lo más interesante es que cada hélice, cada cromosoma lleva intrínsecamente la información necesaria para saber con cuál cromosoma debe 'aparearse' para formar, con las otras proteínas con las cuales se une, el determinado órgano del cuerpo. Esta maravillosa realidad, escondida en la intimidad de cada célula, es tan real, que sin ella no se puede pasar de un espermatozoide y un óvulo separados, a que después de unidos se inicie la creación de un nuevo ser humano completo después de nueve meses de gestación. Al nacer el bebé está programado para crecer, desarrollarse y convertirse en este misterioso y maravilloso ser que se descubre más tarde como una realidad espacio temporal compuesta de muchas realidades internas.

El cerebro: una compleja estructura de varias realidades

Igual que cualquier otro objeto material como los que hemos visto en la primera parte del libro, el cerebro humano tiene varios niveles de realidad que vienen a ser el núcleo de la realidad ultima del hombre, así como en forma paralela la dimensión cuántica parece ser, por ahora, la realidad más primaria de la materia.

Cuando el cerebro se ve fuera del cráneo, se parece a una nuez del tamaño más pequeño que una pelota de vóleibol compuesta de dos partes similares, llamadas hemisferios que conforman la corteza cerebral, cada uno del lado derecho e izquierdo del cráneo. El cerebro es, en términos populares, una 'masa gris' compacta, pero en realidad es de un color beige rosado y ligeramente blanquecino en el interior. Esta masa tiene una consistencia similar a la gelatina blanda o al tofu consistente, con un peso promedio alrededor de 1.5kg y 1,260 cm^3. A primera vista la corteza cerebral da la impresión de ser una sola masa pero cuando se le mira de cerca se nota que tiene pliegues que dan vueltas y que estos muestran una organización por secciones. Los anatomistas le han dado nombres a estas secciones. Primero dividen cada hemisferio en cuatro «lóbulos» con un correspondiente nombre para cada uno: el lóbulo frontal, el lóbulo parietal, el lóbulo occipital y el lóbulo temporal. A cada pliegue le asignan un surco, y a la zona lisa entre los pliegues una circunvolución. (2)

La corteza cerebral o cortex es la parte más importante del cerebro constituyendo el 85% del peso del cerebro. La parte frontal es el centro que determina el razonamiento, las emociones, y la personalidad. Los científicos saben con certeza que la mitad derecha del cerebro controla la parte izquierda del cuerpo y la mitad izquierda controla el lado derecho del cuerpo. El hemisferio izquierdo es el que lleva a cabo las funciones analíticas, el lenguaje, las matemáticas y la lógica. Permite resolver problemas de matemáticas, jugar videojuegos, alimentar a los peces, bailar, recordar el cumpleaños de la hermana y dibujar. El hemisferio derecho se encarga de las facultades mentales expresivas y artísticas Algunos científicos piensan que la mitad derecha ayuda a pensar en cosas abstractas, como en la música, los colores o las formas. Además de la corteza cerebral se encuentra el tronco encefálico que controla la respiración, el ritmo cardíaco, y otros procesos autónomos. El cerebelo, que está a la base del cerebro, es responsable del equilibrio corporal, coordinando la postura y el movimiento. (3) Otros científicos opinan que las funciones del cerebro racional se ubican en los lóbulos temporales, especialmente durante la etapa de desarrollo. (4)

¿Cómo se produce este increíble funcionamiento de las partes del cerebro?

Los estudiosos del cerebro nos dicen que la composición de esta materia gris, a su nivel más íntimo es similar a los órganos del cuerpo que están compuestos de células. El cerebro está igualmente estructurado por millones de células llamadas neuronas (más de 100 billones de ellas). (5) Estas neuronas tienen unas finísimas extremidades a manera de delicadísimos 'pelos' o terminaciones llamados dendritas, calculadas en 100 trillones. (6)

La señal emitida en el cerebro desciende vertiginosamente por las dendritas de cada neurona involucrada que pasa la información química-bio-eléctrica a las dendritas de otra neurona que, a su vez, hace esto en forma inmediata a las subsiguientes. La información desciende por las ramas del sistema nervioso hasta que llega a cada órgano y músculo y le "dice" qué debe hacer, cómo funcionar.

Las dendritas actúan como delgadísimos conductos a través de los cuales fluyen impulsos electroquímicos, también llamados impulsos bio-energéticos muy parecidos a como fluyen los pulsos eléctricos a través de los cables de cobre. Lo más increíble de todo este maravilloso proceso es que las dendritas, estos pelillos de cada neurona, no se tocan con las dendritas de todas las otras neuronas a su alrededor. Este impulso bio-energético salta en el micro espacio vacío que existe entre una dendrita y otra. Lo hace químicamente a través de los neurotransmisores, que son una sustancia química que transmite información de una neurona a otra atravesando el espacio que separa a las neuronas creando lo que denominan una 'sinapsis'. El neurotransmisor se libera en la extremidad de una neurona durante la propagación del impulso nervioso y actúa en la neurona siguiente fijándose en puntos precisos de la membrana de la otra neurona. (7)

Dichos pulsos bio-eléctricos llevan dentro de ellos la información-orden que el cerebro-mente envía a los órganos para funcionar de tal o cual manera, producir elementos tan diversos como hormonas, células blancas, ácido clorhídrico, pulsaciones cardiacas, oxigenación y flujo de la sangre, procesamiento de la comida. Estos pulsos bio-eléctricos entre dendritas ocurren a velocidades increíbles pues una señal de una dendrita salta a otra en cuestión de una fracción de un milisegundo y una señal originada en el cerebro tarda apenas 1/50 de segundo en llegar al dedo del pie. (8)

Esta base físico-química es la encargada de las funciones automáticas que el tallo cerebral controla; funciones que no dependen para nada en ser conscientes de ellas. El corazón sigue latiendo entre 60-70 veces por minuto durante toda la vida sin que yo tenga que preocuparme una sola vez de su funcionamiento, al menos claro, que por el desorden en la comida termine bloqueando mis arterias con colesterol que no deja pasar la sangre. El corazón bombea esa sangre con una regularidad pasmosa sin que en ningún momento deje de hacerlo porque yo no piense en que deba latir. De la misma forma no tengo que preocuparme por respirar, por ser consciente de inhalar aire, llevarlo a los pulmones y expeler el que ya ha sido usado. Esto lo hago constantemente, durante el día entero y la noche sin que tenga que ponerme a pensar un solo instante que tengo que hacerlo. Igualmente no tengo que preocuparme de cuáles ácidos deben entrar en acción para digerir la comida, ni en qué momento dicha comida está lista para ser transportada por el intestino delgado o en qué momento los nutrientes son descompuestos de manera que puedan entrar en el torrente sanguíneo. No tengo por qué preocuparme de que mi riñón filtre el ácido úrico de los músculos y que mi vejiga después lo expulse en la orina. No tengo por qué preocuparme en ningún momento por las funciones del hígado y su producción de bilis.

Adicionalmente se encuentra el cerebelo, ubicado en la parte inferior del cerebro, por encima del tallo cerebral, que procesa información que recibe del tallo cerebral y de la corteza motora para coordinar todos los movimientos, la mayoría de los cuales no tengo que ser consciente de ellos para ejecutarlos, tal como el caminar, el correr. Si necesito hacerlo, simplemente lo hago sin preocuparme en pensar cuál es el movimiento que debo hacer para llevarlo a cabo la acción correspondiente.

Ninguna de todas estas funciones entra en mi campo de conciencia activa de la cual deba preocuparme para que hagan lo que tienen que hacer. Es una realidad interna que funciona como reloj mientras yo me preocupe de ingerir los alimentos sanos y nutritivos, llevar a cabo el ejercicio que necesita mi cuerpo para oxigenar y hacer circular vigorosamente la sangre, dormir lo suficiente para recuperar el agotamiento diario, llevar una vida organizada y con propósito. Los sistemas automáticos de mi cuerpo funcionan extraordinariamente bien, siempre y cuando les dé la atención que requieren de mi parte. Todas estas funciones inconscientes son una realidad interna tan vital y constantemente presente que sin ella mi cuerpo no puede funcionar y por ende mi realidad consciente no puede existir.

Esta es la base física que le permite al cerebro llevar a cabo sus funciones, que no se pueden 'ver' cuando se saca el cerebro del cráneo, como no se puede ver nada del maravilloso sistema bio-eléctrico. Se necesita recurrir a un potente microscopio que permite descubrir este inusitado y complejo sistema de conexiones bio-eléctricas. Este sistema de neuronas ofrece la base necesaria para que se dé la más noble, la más increíble función del cerebro, la producción del conocimiento humano. Este es un nivel de realidad cualitativa de tal envergadura e increíble riqueza que requiere un análisis detallado que veremos en los siguientes capítulos.

Referencias

Capitulo 5

1) Google. *Estructura de la Célula*. *pbhscélula.blogspot.com/*
2) Google. Cerebro humano. Wikipedia, la enciclopedia libre
3) Idem
4) David Comings. *Did man Create God?*. pg.343
5) Google. Brain cells. Neuron - Wikipedia, the free encyclopedia
   en.wikipedia.org/wiki/Neuron
6) Google. Brain cells. Neuron - Wikipedia, the free encyclopedia
   en.wikipedia.org/wiki/Neuron
7) Google. *Neurotransmisor - Wikipedia, la enciclopedia libre* *es.wikipedia. org/wiki/Neurotransmisor*
8) Google. speed of brain cells transmission The *Speed of Brain Cell* Communication
   www.disabled-world.com/.../brain/brain-speed.p

Capítulo 6

La Realidad del Conocimiento

El cerebro físico, como vimos en el capítulo anterior, tiene en sí mismo un nivel de realidad que no se ve cuando lo observamos fuera del cráneo. Ese nivel de realidad interna, en forma similar a los animales y a las plantas, se encuentra escondido en la intimidad de la estructura física que lo compone. Realidad que se devela gracias a la potencia de un microscopio que nos muestra que, en lo profundo de esa masa gris, se dan las neuronas y dentro de estas sus componentes. Los trillones de neuronas conforman el circuito eléctrico del cerebro que se manifiesta plenamente en otra realidad no-visible dentro del cerebro, pero absolutamente dependiente de que dicho cerebro funcione correctamente. Esta es la realidad del conocimiento que el cerebro puede producir y que constatamos por sus efectos, sus productos. Veamos como está estructurada dicha gran función del cerebro, el conocimiento.

Estructura del conocimiento humano: los cinco sentidos

El conocimiento que el cerebro nos permite producir tiene, a su vez, diferentes niveles y formas de expresión. Comencemos por el conocimiento sensorial que se da a través de los cinco sentidos: la audición, el olor, el tacto, el gusto y la visualización. En todos y cada uno de ellos se dan estímulos fragmentados que entran a través del órgano específico que los recibe y los trasmite a la porción específica del cerebro donde la mente los procesa, los organiza y los interpreta.

¿Cómo funciona cada uno de estos sentidos de manera que termina siendo un dato de conocimiento? Antes de hacer un breve recorrido por cada uno lo primero que se debe afirmar es que cada sentido es una maravilla de ingeniería anatómica como lo veremos enseguida.

El Conocimiento auditivo (1)

Las ondas sonoras son captadas y orientadas por el oído externo que las guía para que entren en el canal auditivo. Al fondo del mismo hay una membrana, el tímpano, que vibra con las ondas sonoras trasmitiéndolas a una cadena formada por tres huesos pequeños y móviles que atraviesan el oído medio. El oído medio está en comunicación directa con la nariz y la garganta a través de la trompa de Eustaquio, que permite la entrada y la salida de aire en dicho oído medio. Este mecanismo permite equilibrar las diferencias de presión entre el oído medio y el exterior, lo que a su vez regula el equilibrio de la persona.

La cadena de huesecillos llevan las ondas vibratorias hacia la cóclea que se encuentra también en el oído medio y es una estructura parecida a una concha llena de un líquido que amplifica las ondas recibidas. Las vibraciones dentro de la cóclea hacen vibrar miles de pequeños pelillos que convierten la vibración física en impulsos bio-eléctricos que son enviados al nervio coclear. El nervio coclear transmite las vibraciones a la corteza cerebral donde la mente interpreta el sonido recibido. Así, por ejemplo, el sonido del pito del carro permite al niño darse cuenta que su madre ha llegado a la casa, el tañido de la campana de la Iglesia anuncia el pronto comienzo de la ceremonia religiosa, la sirena de la ambulancia indica a los choferes que le den paso porque lleva un enfermo de emergencia, el pito del tren o del barco anuncia la salida del mismo, el ruido de una moto-sierra indica que están cortando madera o árboles, las notas sonoras producidas por varios instrumentos musicales indican que hay un concierto, el estornudo intermitente avisa a los demás que tiene gripe, el grito penetrante y estridente del bebé indica que tiene hambre o que algo le molesta, el sonido de las hojas al moverse advierte al que las escucha que hay viento, las palabras de cariño y amor del muchacho le hacen saber que él está enamorado de ella.

El Conocimiento olfativo. (2)

El órgano que hace posible dicho conocimiento es la nariz. Esta tiene dos entradas, las fosas nasales, que están separadas por un tabique cartilaginoso: en su parte anterior y óseo en la porción posterior. Cuando un objeto o un cuerpo poseen olor emiten partículas pequeñísimas que se mezclan con el aire. Los vapores emitidos por las sustancias olorosas actúan químicamente sobre los receptores del nervio olfatorio (que son como diminutos pelillos) que se encuentran adentro y en el techo de la cavidad de la fosa nasal. Los impulsos nerviosos que resultan de la activación de los receptores son trasmitidos al bulbo olfatorio y de ahí a la corteza cerebral donde la estimulación es interpretada por la mente como un olor especifico.

Una persona distingue entre dos mil y cuatro mil olores. Las sensaciones olfatorias suelen confundirse con las del gusto, ya que ambas son producidas por el mismo estímulo químico, lo que permite que varios alimentos sean apreciados más por el olor que por el sabor. El olfato contribuye a la iniciación de los procesos de la digestión. Así, cuando los distintos olores alcanzan el centro olfatorio del cerebro, éste envía al estómago los estímulos adecuados para que comience la producción de jugos digestivos.

De todos los órganos de los sentidos, el olfato se distingue por la rapidez con que se adapta al estímulo. Ello se debe a que, cuando las células olfatorias se *"han acostumbrado"* a un determinado olor, cesan de transmitirlo al cerebro, como es el caso de no oler más un cadáver en descomposición después de un rato de estar a su lado.

El olor permite otro nivel de conocimiento sensorial que se aprecia muy bien cuando al despertarme noto el olor del café que se está haciendo en la cocina; lo que me hace pensar que mi mujer se ha levantado primero y que ha preparado el café porque me quiere.

El Conocimiento Táctil (3)

El sentido del tacto se encuentra a lo largo de toda la piel que es el órgano más grande del cuerpo puesto que lo cubre completamente. El sentido del tacto está conformado por corpúsculos que tienen forma ovoide y por ramificaciones aplanadas del nervio sensitivo (discos táctiles); también por células de sostén y una cubierta epitelial. Hay distintas clases de corpúsculos: unos perciben el contacto, otros la presión y otros el frío.

Por la forma en que están distribuidos en el cuerpo, hay zonas especialmente sensibles a alguna sensación. Así, los puntos sensibles al frío, que se encuentran en las mejillas, nariz, dorso de las manos y el pecho son muchos más numerosos que los del calor. Los puntos del dolor son extraordinariamente numerosos: unos 4 millones repartidos equitativamente a lo largo de todo el cuerpo.

Así, cuando siento la sensación de frío puedo concluir que ha bajado la temperatura, cuando me quemo la mano inadvertidamente porque no veo las resistencias rojas encendidas de la estufa eléctrica moderna puedo decir sin equivocarme que está prendida, cuando en la oscuridad siento con los dedos el pelo suave de las orejas de mi perro puedo llamarlo porque sé que está allí al lado mío a pesar de que no lo puedo ver.

El Conocimiento Gustativo (4)

La sede del gusto se encuentra en la lengua, por donde necesariamente pasan los alimentos antes de su masticación y deglución. La lengua está formada por diferentes músculos que le permiten moverse en todas direcciones. Su superficie está recubierta por una mucosa que contiene prominencias llamadas papilas gustativas, alrededor de diez mil, donde se encuentran los nervios gustativos que permiten percibir cuatro diferentes sabores: agrio, salado, amargo, y dulce. Adicionalmente la boca produce la saliva que se mezcla con la comida y distribuye los sabores a todas las partes de la lengua contribuyendo a la degustación del sabor que tiene lo ingerido.

Así la parte delantera de la lengua se usa para los sabores dulces; las partes laterales de la lengua saborean las cosas ácidas como los limones; las papilas gustativas en la parte posterior de la lengua saborean las cosas ácidas como la cáscara de un pomelo; mientras que las papilas gustativas que saborean las cosas saladas están por todas partes de la lengua. Los componentes químicos de la comida que ingerimos estimulan a los receptores de cada una de estas zonas y los nervios trasmiten estos impulsos al cerebro donde la mente los descodifica como diferentes sabores. El sentido del olfato añade información para conseguir una amplia gama de sabores.

De esta manera aunque no veamos lo que estamos comiendo lo podemos identificar por el sabor y decir que es dulce, agrio o salado y podemos conocer muchos alimentos por su nombre con solo probarlos aunque no los estemos viendo ni tocando; por ejemplo el jugo de piña, el pastel de manzana, el pescado frito, el pan recién horneado.

El Conocimiento visual (5)

Y finalmente esta la visión que es por excelencia el órgano y sentido que más nos permite conocer. Cuando veo a mi novia vestida para el baile de graduación y está hermosa puedo interpretar esa visión diciéndome que ella está deseosa de pasar la velada conmigo y que por eso se ha puesto así de bella.

Pero antes de hacer ese juicio, esa interpretación, mi ojo ha hecho una increíble cantidad de funciones físicas para obtener la imagen que me permita hacer cualquier afirmación sobre el objeto o la persona vista. Veamos algunas de las funciones que el ojo lleva a cabo antes de yo pueda hacer un juicio, afirmar una cualidad, criticar o alabar un objeto o una persona:

-   Todos los objetos reflejan las ondas de luz que caen sobre ellos. Estas entran por la pupila (apertura negra en el centro del ojo) y atraviesan el lente del ojo que está inmediatamente detrás de la apertura. A medida que la onda de luz pasa por el lente de cada ojo es doblada hacia abajo y descompuesta en sus colores.
-   Este rayo, descompuesto en ondas de diferente amplitud según el color, cae sobre la retina que se encuentra al fondo del ojo y está compuesta por miles de diminutos conos que son sensibles a las ondas lumínicas. Cuando estos son excitados transforman esa onda lumínica en señales pulsantes bio-eléctricas que van al nervio óptico. Este, a su vez, está conectado con la corteza cerebral donde estas pulsaciones bio-eléctricas son recibidas por el cerebro. Al instante son capturadas y armadas en una imagen por la mente que toma la mitad de la imagen cabeza abajo descompuesta por un ojo y la otra mitad de la imagen igualmente descompuesta por el otro ojo y las organiza de modo que se tenga una imagen 'completa', e invertida cabeza arriba, del objeto observado.
-   La imagen que 'veo' no es el objeto en sí, sino la interpretación de ondas lumínicas que han sido desmembradas y convertidas

en pulsaciones bio-eléctricas y después reconstruidas por la mente. Al final del proceso mi mente no solo ha invertido la imagen para que esté cabeza arriba, sino que cada pulsación bio-eléctrica es armada, en colores, para captar la imagen externa y afirmar que es de tal o cual color, de tal o cual altura, grosor, densidad, peso, y todas las cualidades adicionales que le atribuimos al objeto con solo verlo. Esto es lo que la ciencia llama una afirmación de la realidad objetiva, 'allá fuera' de nosotros.

Estos cinco sentidos estimulan el cerebro en diferentes partes del mismo y permiten que el cerebro lleve a cabo tres funciones cada una traduciéndose en un diferente tipo de conocimiento: El conocimiento conceptual, el conocimiento lógico y el conocimiento intuitivo. Veamos cada uno en suficiente detalle para apreciar su dimensión de realidad mental específica.

El Conocimiento Conceptual (6)

De los estímulos recibidos por cualquiera de los sentidos, el hombre los designa, clasifica, enumera, inventaría, o categoriza con una palabra o con una frase descriptiva. Estas palabras o frases reemplazan la realidad percibida, la representan, la expresan de manera tan precisa que cualquiera que oye dicha palabra o frase puede relacionarla con una realidad conocida. El conocimiento conceptual, dicen los especialistas, se ubica en la parte frontal del cerebro y es allí donde el hombre los elabora con su mente.

Así, por ejemplo, la palabra 'perro'. Ella, en sí, es genérica, pues abarca a cualquier animal cuadrúpedo mamífero que ladra, que es generalmente amistoso con el hombre y le gusta su compañía; que tiene orejas, hocico y una cola que la bate cuando se encuentra en estado eufórico y alegre. Estas características que están dentro de la palabra 'perro' son las que permiten que en cualquier parte del mundo, cualquiera que vea un animal con dichas características pueda afirmar, 'Miren ese perro' y cualquiera que escuche esa palabra tendrá dentro de su cerebro una imagen que representa un cuadrúpedo que ladra, que es generalmente amistoso con el hombre y le gusta su compañía, que tiene orejas, hocico y cola independientemente del tamaño, del color, del peso, del tipo de pelo, de la forma de las orejas, de la longitud de su cola, del carácter pacífico o agresivo del animal. Además puede referirse a dicho perro diciendo algo parecido a, 'Yo tuve una vez un perro así'.

De la misma manera que el conocimiento conceptual produce palabras, frases sobre las características principales de cualquier objeto, así mismo puede producir símbolos que representan ideas, construcciones mentales, entidades simbólicas como la bandera para representar al país, el código de armas para representar la institución militar, el humo para representar el fuego que no se ve.

Los mitos entran dentro de esta función de conocimiento conceptual en cuanto categoría creada para abarcar las realidades misteriosas, las fuerzas desconocidas, lo entes trascendentes, los seres súper poderosos que dan la impresión de controlar las fuerzas de la naturaleza y los destinos de los hombres. De esta manera, por ausencia de conocimiento científico, la humanidad creó en tiempos lejanos los mitos de la creación del mundo, del hombre, de las plantas y los animales. Hay mitos de libertadores, de héroes arquetípicos, de heroínas, del villano, del representante del Mal. Algunos fueron muy populares durante la época de los griegos como Medusa que podía transformar a los hombres en estatuas de piedra con solo mirarlos a los ojos; o Poseidón como el dios del mar que podía crear una tormenta súbitamente para devorar a los marinos que osaban entrar en sus territorios; o el caballo alado Pegaso que llevaba acuestas al héroe Perseo para combatir al monstruo Quimera.

El Conocimiento Lógico (7)

El conocimiento lógico es la habilidad para hacer deducciones a partir de una premisa (que puede expresarse como concepto) y que es aceptada como una verdad relativa. Esto ocurre con más frecuencia en el área de las matemáticas, de la física, de la química, la biología, y hoy en día en la ecología.

Un ejemplo permite captar mejor la diferencia con el conocimiento conceptual. Se comienza con una premisa de base, y de esta se sacan conclusiones básicas, por ejemplo, 'todos los hombres tienen mentes reflexivas, por lo tanto todas las criaturas que tengan mentes reflexivas son hombres'. Entre las diferentes funciones lógicas se encuentran también los silogismos que puede expresarse con este ejemplo:

- Si Leonardo está enfermo, no irá al colegio
- Si Leonardo no va al colegio, no escuchará la tarea asignada.
- Si Leonardo está enfermo, probablemente no hará la tarea porque no sabrá cuál es.

Esta clase de conocimiento permite acumular deducciones lógicas que pueden ser las que armen un marco teórico de referencia sobre un determinado tema. Este tipo de conocimiento se usa continuamente en la ciencia, pues es a partir de una hipótesis como se inicia una investigación. Si la hipótesis resulta valedera, de ella se sacan deducciones, conclusiones, afirmaciones; se formulan leyes, se hacen proyecciones, como las que permiten las estadísticas. Esto no excluye el que se pueda partir de una hipótesis falsa y también hacer afirmaciones, deducciones y sacar conclusiones falsas.

El enorme avance de la ciencia moderna se ha basado en este tipo de conocimiento que de por sí ha demostrado hasta la saciedad, que es una de las formas del conocimiento de mayor envergadura e importancia para el avance de la ciencia, para el desarrollo de la tecnología, para el mejoramiento del bienestar general de la humanidad. Sin el conocimiento lógico, muy pocos de los inventos que hoy nos brindan un nivel de confort, se hubiesen producido.

El Conocimiento Intuitivo (8)

En este tipo de conocimiento el sujeto simplemente 'sabe', 'entiende' aquello que esta inquiriendo. Es el momento del 'Ahhaaaa...' que Arquímedes tuvo en su tina de baño cuando entendió, de golpe, que un objeto desplaza su propio peso con una cantidad X de agua lo que le sirvió para determinar si la corona de rey era de oro o no desplazando en oro puro el peso de la corona y después desplazando la corona para verificar si había diferencia entre la cantidad de agua desplazada por el oro puro y la cantidad desplazada por la corona. Este fue el conocimiento que tuvo Newton de la existencia de la Ley de la Gravedad cuando, sentado bajo la sombra de un árbol, le cayó una manzana encima de la cabeza y entendió, de golpe, la fuerza de atracción de la ley de la gravedad.

Este tipo de conocimiento no pasa por el proceso de razonamiento ni sigue los pasos lógicos. Es un conocimiento inmediato, directo, que llega al corazón de lo inquirido. Esto no quiere decir que después de tener el conocimiento intuitivo, no haya que sentarse a buscar la forma de expresar lo conocido en forma concreta, utilizando los pasos del razonamiento, muchas veces inventando nuevos conceptos para poder definir la realidad conocida en forma directa, pero todavía no nombrada.

La creatividad, la imaginación es otra forma de expresión del conocimiento intuitivo. En esta función la idea del libro, la escena del cuadro, el diseño mecánico, el componente eléctrico, el instrumento hidráulico, el puente, el túnel, la hidroeléctrica, el edificio; todos ellos nacen en lo profundo y escondido de la mente como una imagen, como una figura, como un símbolo. Lo que se ha de crear está ahí, se le visualiza, se lo ve, se lo patentiza, se lo materializa dentro del conocimiento y después se expresa en lo concreto de un libro, de una pintura, de un plano arquitectónico o un dibujo de ingeniería.

Tenemos pues un primer nivel de otra realidad que aparece a partir de la realidad física del cerebro, y esta es la del conocimiento. Este se produce sobre la realidad física de la sentidos exteriores que canalizan estímulos de afuera hacia el cerebro, la corteza cerebral, sus lóbulos, sus neuronas y dendritas. Pero lo producido, el conocimiento, no es material, no se encuentra físicamente visible en ninguna de las partes del cerebro donde se supone que los estímulos son procesados. Lo que no quiere decir, en ningún momento, que los pensamientos, que el conocimiento no sea real. Tan real es dicho conocimiento y dichos pensamientos que, basados en ellos, hemos registrado la historia de miles de años, hemos transformado la superficie del planeta, hemos creado metrópolis, hemos tachonado los valles con casas, hemos desforestado las montañas, hemos construido carreteras, hemos edificado fábricas. Todo esto ha sido el producto de la realidad de ideas, pensamientos, y conocimientos creados por la mente.

Es por ello que debemos entrar a analizar más a fondo este otro nivel de realidad que está dentro de nosotros, la realidad mental, que usa el cerebro como su centro de operaciones, pero que sus productos no son materiales, son inespacio-temporales. Este es el tema del próximo capítulo.

Referencias

Capitulo 6

1) Google. Los Cinco sentidos del cuerpo humano. *www.scientificpsychic. com/.../sentidos-humanos.ht*
2) Idem
3) Idem
4) Idem
5) Idem
6) *Conceptual knowledge*. Encyclopædia Britannica. <u>Encyclopaedia Britannica Ultimate Reference Suite</u>. Chicago: Encyclopædia Britannica, 2010.
7) *Logic knowledge*. Idem
8) *Intuitive knowledge*. Idem.

Capítulo 7

La Realidad de la Mente

La Mente: el arquitecto del conocimiento

Tenemos un problema lingüístico cuando usamos la palabra 'mente', pues es definida de varias maneras y con ligeros sentidos. Lo mismo nos pasa con las palabras que usamos a veces para referirnos al 'conocimiento' o el 'entendimiento'. Según los diccionarios estas son sus definiciones:

Mente

Potencia intelectual del hombre.
Pensamiento, propósito, voluntad.
Conjunto de las facultades intelectuales de una persona.

Entendimiento s. m.

Facultad de comprender en general.
Capacidad de formar ideas o representaciones de la realidad en la mente relacionándolas entre sí; capacidad de aprender, comprender, juzgar y tomar decisiones, inteligencia, intelecto, razón.

Conocimiento

Capacidad del ser humano para comprender por medio de la razón la naturaleza, cualidades y relaciones de las cosas.
Facultad humana de aprender, comprender y razonar, inteligencia.

Precisamente porque hay tantos matices y variantes en estas definiciones vamos a usar la primera, la de la mente, haciendo hincapié, en que es una 'potencia' y que por lo tanto no se encuentra circunscrita a ninguna porción especifica del cerebro pues, como potencia, de hecho se manifiesta de múltiples maneras – como conocimiento sensorial, lógico, creativo, emocional, ético, moral, espiritual – y estas manifestaciones se encuentran asociadas a diferentes partes del cerebro.

Los diferentes tipos de conocimiento que vimos en el capitulo anterior son posibles porque el cerebro está diseñado, organizado y capacitado para que, en su correspondiente porción, se inicie el proceso biológico que permite después a la mente llevar a cabo los diferentes tipos de conocimiento. El hemisferio izquierdo del cerebro procesa el pensamiento matemático, el lenguaje y la vocalización mientras que el lado derecho interpreta la música, la imaginación y las relaciones espaciales a la vez que reconoce y expresa las emociones.

Aunque estos diferentes tipos de conocimiento necesitan absolutamente de la porción especifica del cerebro para producirlo; sin embargo, quien nombra, interpreta, clasifica, organiza, relaciona los estímulos recibidos por el ojo, por la nariz, por el tacto, por el oído no es el cerebro en sí. Este se encarga de recibirlos, de registrarlos, de archivarlos, pero quien les da forma, imprime sentido, interpreta, utiliza y arma otros pensamientos con ellos, es la Mente.

Como ya hemos dicho, la Mente no está ubicada en ninguna de las porciones del cerebro donde se registran los estímulos, no está físicamente visible en ninguna de estas porciones. Es una potencia que está más allá de la base física del cerebro, pero que es tan real que de hecho tenemos y expresamos pensamientos cuando la Mente entra en acción. Ella es, figurativamente, el 'arquitecto del conocimiento', el que lo organiza, el que lo articula, el que lo expresa.

Quizá la expresión por excelencia de este rol de la Mente como 'el arquitecto del conocimiento' es la facultad de crear los pensamientos. Veamos un poco en detalle el proceso de producción de los pensamientos para darnos cuenta el por qué afirmamos que la Mente desempeña este rol.

La Mente: la creadora de los pensamientos

En el capítulo anterior vimos que la estructura física del cerebro está compuesta en su interior por millones de células llamadas neuronas (más de 100 billones de ellas) quienes, a su vez, tienen unas finísimas extremidades a manera de delicadísimos 'pelos' o terminaciones llamados dendritas, calculadas en más de 100 trillones. Es a través de esta compleja red que las señales bio-eléctricas emitidas en el cerebro descienden por el sistema nervioso como información bio-química hasta cada órgano y músculo y le "dice" qué hacer. En este maravilloso proceso las dendritas de cada neurona, no se tocan con las dendritas de todas las otras neuronas a su alrededor. Este impulso bio-energético salta en el micro espacio vacío que existe entre una dendrita y otra. Lo hace químicamente a través de los neurotransmisores, que son una sustancia química que transmite información bioquímicamente de una neurona a otra atravesando el espacio que separa las neuronas creando lo que denominan una sinapsis. (1)

Estos impulsos bio-eléctricos entre dendritas ocurren a velocidades increíbles pues una señal de una dendrita salta a otra en cuestión de una fracción de un milisegundo y una señal originada en el cerebro tarda apenas 1/50 de segundo en llegar al dedo del pie.(2)

El doctor hindú, especializado en neurología, Deepak Chopra, consumado teórico—neurólogo de la conexión entre la mente y el cuerpo afirma que es en este espacio entre las dendritas donde se elaboran, se conciben y se proyectan los pensamientos, puesto que este espacio es equivalente a la dimensión cuántica del campo potencial de infinitas probabilidades en sus posibles combinaciones y expresiones. (3) En este campo es donde el hombre tiene de 10.000-20.000 pensamientos por día.

Esta forma de explicar la génesis de los pensamientos difiere de las definiciones que se concentran en el pensamiento como una función de la mente. Es el caso de estas dos definiciones:

> El pensamiento es una creación de la mente. Es todo aquello traído a existencia mediante la función del intelecto. El pensamiento es una experiencia interna e intra-subjetiva, a

través de la cual podemos inventar, encontrar respuestas, resolver problemas y mucho más.

El pensamiento es la actividad y creación de la mente; dícese de todo aquello que es traído a existencia mediante la actividad del intelecto. El término es comúnmente utilizado como forma genérica que define todos los productos que la mente puede generar incluyendo las actividades racionales del intelecto o las abstracciones de la imaginación; todo aquello que sea de naturaleza mental es considerado pensamiento, bien sean estos abstractos, racionales, creativos. (4)

Actualmente no hay duda respecto a que todos los procesos mentales (pensamiento, ideas, imaginación, recuerdos, memoria, ilusiones o emociones en general), tienen una base en el cerebro y que son procesos cerebrales, es decir, son el producto del funcionamiento cerebral que además es diferente si se da en estado consciente o en estado de inconsciencia como en el sueño. Experimentos hechos con gente despierta y durmiendo a quienes se les han colocado electrodos en diferentes zonas del cerebro han demostrado que el cerebro emite ondas Beta cuando está despierto, y ondas Alfa cuando está dormido. La ondas Beta son más activas pues para el individuo estar despierto implica que está en un estado de alerta y de acción.

Pero igualmente es cierto que dicho funcionamiento cerebral no explica la inmaterialidad de los sueños, de los conceptos, de los recuerdos ni de la imaginación. Y de esto no hay duda que son reales y que existen pues de estos pensamientos, imágenes, conceptos, raciocinios es donde han nacido todos los inventos tecnológicos como la computadora, todas las imágenes poéticas como la Divina Comedia de Dante Alighieri, todas las obras artísticas de increíble realismo como el David de Miguel Ángel, o el hiper-realismo de la monja contemporánea, Isabel Guerra - 2012 (quien vive en el monasterio cisterciense de Santa Lucia Zaragoza); o las ideas filosóficas de Aristóteles, de Schopenhauer, de Kant, de Sartre, o los planos arquitectónicos y de ingeniería para construir rascacielos y torres como la de Toronto, la de Dubai, la de Hong Kong, la de Tailandia.

Estamos dentro de dos mundos-realidades internas de aparente contradicción. Por un lado el cerebro con su masa especifica, con su densidad, con su organización en hemisferios especializados, con su red de millones de neuronas que producen, procesan y crean pensamientos que no se albergan en ningún sitio especifico puesto que cuando se investiga dónde, dentro de qué neurona se encuentra tal o cual pensamiento, no se puede identificar en ninguna neurona precisa, no se puede aislar en un grupo de neuronas, en ningún elemento especifico de la neurona en el cual se pueda afirmar que allí se alberga un pensamiento especifico, un concepto preciso, un recuerdo único de la infancia, una imagen del libro, un retrato o pintura que la inspiración ha creado. Mucho menos se puede 'ver' dicho pensamiento en la forma como es verbalizado y descrito de manera que otro lo comprenda.

Sin embargo, no solo existen los pensamientos, sino que puedo crear, procesar y almacenar cientos, miles de ellos. Puedo recurrir a un número significativo de dichos pensamientos y usarlos para procesar y crear nuevos pensamientos, nuevas ideas, nuevas soluciones, nuevas realidades. De este maravilloso proceso surgen los rascacielos, se consigue construir un puente sobre una bahía, asfaltar una cinta de carretera por el desierto, atravesar una montaña con un túnel, represar un río, volar por encima de las montañas más altas de la tierra, ensillar un elefante para usarlo como medio de transporte, inundar un valle, colocar un rastreador electrónico en el lomo de un delfín y seguirlo en su ruta alrededor del mundo.

Los pensamientos y las ideas son portentosos. Nos muestran, demuestran y ponen en evidencia que hay una realidad verificable, sistemáticamente confirmable dentro de nosotros mismos que no depende de la espacio-temporalidad para existir. Al contrarío, los pensamientos entran y salen de esa dimensión de no espacio-temporalidad a nuestra espacio-temporalidad con la facilidad e instantaneidad con que parpadeamos o con la que nos reímos. Los pensamientos *existen y son*, pues podemos verificar y recurrir sistemáticamente a dichos pensamientos-ideas cuando los necesitamos. Así la formula pi, la regla de 3, el concepto de pirámide, de triángulo, de rectángulo, de la relatividad; una vez que los entendemos y los archivamos dentro del cerebro, ahí están y los podemos usar en cualquier momento. Sin embargo, si abrimos el hemisferio del cerebro donde se cree que se procesan estos conceptos o se almacenan estos pensamientos no se pueden detectar ni 'ver' en ninguna de las circunvoluciones del cerebro. Si nos adentramos hasta el nivel de la neurona tampoco podemos "ver", "identificar", "señalar" en ninguna de ellas ninguno de estos pensamientos ni conceptos, que son tan reales como el cerebro que les ofrece el medio de existencia. Tan reales que de ellos creamos la existencia que vivimos, el mundo que transformamos, la realidad que moldeamos.

Hay que recurrir a comparaciones para entender con mayor claridad lo que estamos diciendo. Quizá la mejor comparación la ofrece el funcionamiento de la computadora. Cuando la prendemos aparecen unas imágenes en la pantalla del monitor que dan la sensación de ser imágenes uniformes. Así vemos líneas, volúmenes y formas diferentes blancas, negras, grises o a color, También vemos letras que dan la impresión de ser uniformes. Sin embargo, sabemos que cada uno de estas imágenes, aparentemente sólidas, están compuestas por pequeñísimos puntos cuya densidad lumínica sobre la pantalla es más o menos fuerte y dan, por agrupación, la impresión de estar viendo un color sólido, una tonalidad, una imagen compacta o difusa. Estas pulsaciones activan sobre la pantalla del monitor puntos químicamente sensitivos que al ser activados por la onda electromagnética reflejan una intensidad lumínica. Nuestro ojo registra la onda lumínica de diferentes longitudes que parten de estos puntos, entran a través del cristalino del ojo y activan la retina en el fondo del mismo. Esta, a su vez, envía una señal al cerebro que, al recibirla como pulsaciones bio-energéticas interpreta, agrupa y "ve" líneas, letras, figuras en movimiento o un fondo completo de color.

Sin embargo, la realidad última de lo que se ve en la pantalla del monitor no es la imagen sólida que interpreta nuestro cerebro. Son, en una definición de realidad "objetiva", emisiones eléctricas que vienen desde el disco duro a través de los finísimos canales de los chips y salen emitidos como pulsaciones eléctricas con información codificada que, al impactar la pantalla del monitor, iluminan con diferente intensidad los puntos lumínicos dando la apariencia de imagen a color, sólida o en movimiento.

Si esto ya de por si es grandioso y revelador, todavía lo es más cuando entramos dentro del disco duro del computador. Allí en apariencia, como en nuestro cerebro, solo vemos un objeto en forma de disco metálico duro que no mide más de 10-15cm de diámetro. Sin embargo, cuando nos adentramos al nivel microscópico lo que vemos en dicho disco duro es una impresionante cantidad de grabaciones electromagnéticas que han dejado una huella precisa sobre su superficie. Esta huella, cuando se prende el computador, emite una pulsación energética que es leída en un lenguaje binario (ceros y unos) como pulsos electrónicos por un programa que es activado cuando se prende el computador. Hasta que no se activa la computadora, dicha información dentro del disco duro está grabada (como lo expresamos en nuestro lenguaje), pero no está visible, no está descodificada, no está activa, no está visiblemente 'existente'. Cuando se prende el computador y se activa el programa correspondiente, este 'lee y traduce' esas grabaciones en pulsaciones energéticas que son proyectadas sobre la pantalla del monitor. Las ondas lumínicas que salen del monitor son captadas por nuestros ojos que envían inmediatamente dichas ondas lumínicas como vibraciones bio-eléctricas al cerebro y en forma instantánea estas son interpretadas por la mente. Pero mientras no se prenda la computadora, la información, por así decirlo, "no existe" físicamente, está en un estado de inespacio-temporalidad. No se encuentra en ningún sitio específico del disco duro en la forma que la vemos sobre la pantalla ni tampoco depende del tiempo para seguir existiendo en estado de 'adormecimiento'.

¿Dónde está pues dicha información? Análogamente en la misma dimensión en donde se encuentran los pensamientos en el cerebro. Están en la realidad virtual de la inespacio-temporalidad. A esta, la física moderna le ha dado el nombre de realidad cuántica, o sea "allí" donde los quantums de energía entran y salen de la inespacio-temporalidad y se manifiestan de forma diversa e impredecible en la temporalidad, como lo hace el electrón cuando se comporta como masa o como onda electromagnética. El electrón parece hacer esa manifestación de acuerdo a la intención de medida que el observador tiene de antemano. Es un proceso de interacción como si el electrón pudiera captar energéticamente dicha anticipación y comportarse de acuerdo a la misma.

Podemos pues, afirmar con propiedad, que la mente humana manifiesta con claridad un universo real e invisible, no-tangible, no-observable en forma directa, sino por su manifestación, los pensamientos. *Estos conforman un universo auténticamente real y existente, aunque sea en la inespacio-temporalidad de la mente que se asemeja enormemente al nivel de la realidad cuántica. Realidad auténtica y presente, aunque desafía la realidad que estamos más acostumbrados a decir que es la realidad objetiva, aquella que es más densa y observable, medible y palpable con la cual estamos tan acostumbrados a convivir diariamente.*

Al decir que estos pensamientos, ideas, imágenes, conceptos son reales, pero a la vez son inmateriales estamos hablando entonces de un nivel de funcionamiento del cerebro que va más allá de su masa física y se expresa en un nivel de realidad donde la espacio-temporalidad no funciona pues sus leyes no se le aplican. Estamos en un nivel de no-espacio-temporalidad de la mente humana. Hay otros niveles igualmente etéreos en los que la mente se expresa. Conviene, ahora analizar esos otros niveles de expresión de la Mente.

Niveles de expresión de la Mente

La mente, como potencia, tiene la habilidad y la capacidad de operar en diferentes niveles de expresión. Cuando vemos sus expresiones nos damos cuenta inmediatamente que son diferentes y que cada uno tiene su propio 'mundo', su propia 'realidad', diferente de las demás. Estos niveles son la Mente Emocional, la Mente Ética, la Mente Moral, y la Mente Espiritual. Cada uno de estos niveles merece su análisis propio y con la suficiente profundidad para darnos cuenta del universo de realidad que abarca y expresa la mente cuando entra en acción. Comencemos por la Mente Emocional que es quizá la de mayor visibilidad por el número tan fuerte de emociones que solemos expresar.

La Mente Emocional

Cuando hablamos de las emociones existentes dentro de todo ser humano estamos hablando, en forma parecida a la no-espacio-temporalidad de las ideas y pensamientos. Esta es una dimensión del hombre absolutamente real, auténticamente experimentable, y a la vez, objetivamente etérea, no restringida a la espacio-temporalidad como lo están los objetos 'allá fuera' existentes.

Existencia de las emociones

Quién puede decir que no ha experimentado el sentimiento de furia frente a una injusticia cometida contra él?

¿Quién, al cruzar una calle a media noche, mal iluminada por un bombillo cuya luz apenas arroja una opaca claridad, no ha sentido un miedo profundo cuando de pronto ve una sombra que se mueve rápido y oye unos pasos apresurados que vienen en su dirección?

¿Quién no ha sentido el peso del dolor por la partida repentina, sin ningún aviso, de un padre o hijo, de una esposa o esposo, de un pariente o un amigo muy cercano que de pronto sufre un ataque cardíaco, un accidente de tráfico sin sentido, y nos deja un profundo vacío por haber perdido una parte de nosotros mismos?

¿Quién no ha sentido rabia contra aquel que ha expresado una calumnia levantada contra él o contra algún ser querido, especialmente cuando esta calumnia ha sido dicha con la intención de dañar la imagen que se tiene de él?

¿Quién puede dudar de la existencia de estas emociones?

Iguales o similares emociones hemos vivido muchas veces en la vida. No nos son extrañas, son reales, no las podemos negar. Las hemos vivido, las han vivido millones de otras personas que las han manifestado de mil formas diferentes: en poemas que hacen revivir lo sepultado en la memoria, en cartas desgarradoras, en gritos sin esperanza, en llanto sin control, en baladas que tocan lo mas intimo de nuestro ser, en obras de teatro que arrancan lagrimas y aplausos, en desgarradoras imágenes cinematográficas que conmueven profundamente.

Y cuando decimos lo más íntimo de nuestro ser, ¿a qué nos referimos? ¿Dónde, dentro de nosotros mismos, se encuentran estas emociones?

¿Es, acaso, físicamente en el corazón cuando decimos que "el dolor que sentimos nos quebró el corazón?" ¿Se encuentran estos sentimientos dentro de nuestro cerebro cuando decimos que la rabia que sentimos nos ha dado un dolor de cabeza que nos parte el cerebro? ¿O se encuentran esos sentimientos en el abdomen (estómago, hígado) porque sentimos allí un aletear como si se tuvieran un montón de mariposas revoloteando dentro?

Es cierto que las personas puedan experimentar dichas emociones en el cerebro, en el corazón, en el estómago, pero si pudiesen observar dichos órganos en el laboratorio mientras experimentan cualquiera de estas emociones, lo cierto es que la emoción, como se la siente, como se la vive y experimenta, no se la puede "ver" en dicho órgano. Decimos que la experimentamos en dicho órgano porque es ahí donde sentimos realmente el impacto de la emoción vivida. La emoción como la vivimos, como la experimentamos, no se la puede ver, ni ubicar, ni mostrar en dicho órgano y afirmar, "Mira esta es la emoción del miedo, esta es la emoción de injusticia" porque básicamente una emoción es una sensación ligada a un sentimiento como el sentirse solo, abandonado, con miedo, etc. Las emociones suscitan dos sensaciones básicas: placer o dolor y estas dos no son solamente materiales, son sensaciones vividas que, obviamente tienen su base fisiológica, pues es indisoluble la unión corporal con nuestra psique, con nuestra emocionalidad.

La unidad corpórea-emocional es tal, que ninguna emoción sentida profundamente por una persona, pasa desapercibida por el cuerpo. El cuerpo, en algún órgano registra dichas emociones. Estas pueden ser vividas con tal fuerza que pueden llegar a maltratar o a dejar una huella física en el órgano que estuvo asociado con dicha vivencia emocional. No es extraño escuchar a personas expresar que aquella traición a su amor no correspondido le ha dejado 'roto el corazón' y que de hecho un examen cardiaco revele que dicho órgano se encuentra débil o maltratado. Hay quienes afirman que el susto que le dieron los amigos bromistas fue de tal impacto que la emoción de miedo que le dio en ese momento lo ha dejado con una incapacidad para respirar normalmente cuando se encuentra ante una situación similar. De hecho los doctores pueden detectar un malfuncionamiento del sistema respiratorio cuando esa persona percibe situaciones que le recuerdan el episodio que lo afectó tanto.

Y no es de sorprenderse, pues la íntima unión entre la mente y el cuerpo, el sistema nervioso y los órganos es tal que lo que ocurre en uno se manifiesta en el otro. De ahí que la neurociencia sugiere que una emoción activada por la red tálamo-amígdala (subcortical) es el resultado de procesos mínimos, automáticos y evaluativos. La red subcortical parece que se especializa en eventos que requieren una respuesta rápida, mientras que la red cortico-amígdala provee la información evaluativa necesaria para llevar a cabo juicios cognitivos y estrategias de adaptación compleja. De ahí que cualquier situación emocional elecita una respuesta fisiológica y de comportamiento diferente dependiendo si es de furia o de miedo intenso o si es de una situación de puro interés personal. En este último caso se nota un desaceleramiento del ritmo cardiaco y el des-activamiento de los órganos internos, lo que permite procesar información en forma tranquila. Lo contrario es constatable y es el aumento del ritmo cardiaco cuando se da un estado intenso de furia que le permite al individuo enfrentarse activamente a la emoción con reacción física enérgica o gritando, o una combinación de las dos. (5)

Además se tiene alguna evidencia que indica que los dos hemisferios del cerebro se relacionan en forma diferente con las emociones. Con ayuda de encefalogramas se puede tentativamente afirmar que el hemisferio derecho del cerebro parece estar más involucrado en el procesamiento de emociones negativas mientras que el hemisferio izquierdo está más involucrado en el procesamiento de emociones positivas. (6)

Impacto de las emociones en la psique individual

Nuevamente es necesario reiterar que la emoción en sí misma es inespacio-temporal. Allí donde la experimentamos, la emoción en si no se encuentra como la experimentamos. Podemos observar, clasificar, inventariar los efectos que dichas emociones tienen en nuestro organismo; pero ellas en sí, son inobservables, inmateriales, incorpóreas. No por eso son menos reales, menos experimentales, menos inmediatas a nuestra toma de conciencia instantánea de ellas.

El impacto en la psique de cada individuo es múltiple y su intensidad varía de acuerdo a la totalidad de la sicología del individuo. Pero es claro que al experimentar estas emociones en una edad temprana tienen una repercusión que dura, a veces, para el resto de la vida. Veamos algunos ejemplos de cómo estas emociones, no visibles, no tangibles, pero vividas en la intimidad de la psique, tienen dicho impacto.

En el caso de la violación de un niño-niña en una edad muy temprana (o en la adolescencia). El impacto del evento se suele traducir en una actitud permanente de miedo frente a la persona que representa poder, que es más grande, que es amenazante. El niño-niña violados por lo general son amenazados de castigo o muerte por el violador si le cuentan a alguien lo sucedido. El pánico es tal que de hecho ni el niño ni la niña se atreven a contarlo y guardan en su recuerdo ese momento con terror. Cada vez que el mismo violador o alguien parecido los acorrala y su presencia suscita en ellos el recuerdo de esa primera violación entran en un estado de parálisis interna, de intenso miedo que les impide defenderse, negarse u oponerse al violador. Una vez demostrado ese miedo, el mismo violador o uno nuevo aprovecha el estado de parálisis de la víctima y abusa de ella.

El resultado de estos abusos repetidos es la creación de una autoestima negativa, puesto que en el inconsciente ha quedado una percepción grabada indeleblemente diciéndose diariamente "Yo no valgo nada, a mí nadie me quiere, yo no tengo quien me proteja, si no consiento esta persona me va a maltratar en forma peor". Con esta imagen convertida en verdad y creída por la persona que ese es quien él es, el individuo queda marcado de por vida (al menos que pueda hacer la terapia que le permita capturar el momento y redefinirlo). Ese individuo probablemente sea un timorato en la vida, alguien que no confía en nadie que le proyecte cualquiera de las impresiones de ese primer momento de la violación; que sea un individuo que no tenga casi amigos, que sea un retraído social, alguien que prefiera no tener que lidiar abiertamente con personalidades asertivas de un grupo, que busque situaciones no amenazadoras.

Se da el caso de aquellos que cargan con la emoción traducida en un gran resentimiento. Este probablemente ha sido el resultado de emociones negativas vividas en edades tempranas en las cuales el castigo injusto repetido por nimiedades se daba con mucha frecuencia, como por ejemplo en el colegio un maestro que usaba una regla para castigarlo porque no obedecía sus ordenes, o que lo sentara en un rincón del salón contra la pared expuesto a la burla y comentarios de los compañeros. Pudo haber sido el papá que lo castigaba físicamente todos los días por cualquier tontería: objetos dejados en desorden, entrar con zapatos sucios, no hacer las labores de la casa asignadas y a tiempo, no botar la basura, oír la radio cuando el papá o la mamá querrían estar en silencio para leer.

Desde la perspectiva de los mayores estos castigos son considerados necesarios para forjar, con la disciplina, el carácter del joven. En cambio el joven interpreta que son castigos injustos desde todo punto de vista. No poder defenderse, no poder argüir, no poder protestar se convierte en una muralla de silencio permeabilizada por el odio y el resentimiento. Al igual que el caso anterior es probable que este individuo desarrolle una gran aversión por cualquier representante de la autoridad. Pero a la par se dan los casos en que dicha vivencia emocional estimule el desarrollo de una personalidad muy emprendedora, deseosa de proteger al indefenso que sufre situaciones de injusticia, defender causas en las que el objetivo sea restaurar condiciones de justicia.

No se debe olvidar la situación tan común en el colegio en la cual un muchacho se convierte en objeto de burla constante por parte de sus compañeros. Estos episodios repetidos fácilmente se convierten en una emoción demoledora: la de la inseguridad y miedo cuyo producto e impacto es la minus-valorización de sí mismo, la pérdida de confianza para enfrentarse a los demás por el temor de ser rechazado siempre. Una vez se impone la conclusión inconsciente de "*Yo no valgo nada, nadie me quiere*" se consolida una personalidad insegura ante los demás, un constante pensar que los demás se van a burlar de él, un reprimir la iniciativa personal que lo exponga a la crítica o burla de los compañeros de trabajo, de los compañeros de universidad o colegio.

Un último ejemplo de cómo estas emociones impactan la sique y definen todo un perfil sicológico de la personalidad. Es la situación cada vez más frecuente en un mundo donde la violencia generalizada se ha hecho dueña de la comunidad rural, del pueblo, del barrio, de la ciudad. Es el horrible evento de presenciar la muerte violenta de los padres, de un hermano a manos de un asaltante callejero, de un ladrón doméstico, de un secuestrador, de la guerrilla que sin oposición de nadie entra en una aldea y masacra a cualquiera que tiene la mala suerte de estar en su camino, de la policía corrupta que no quiere dejar testigos, de la pandilla cuyo rito absurdo de iniciación exigen la muerte indiscriminada de cualquiera que aparezca fortuitamente en ese momento. Presenciar, vivir, estar cerca de cualquiera de estas escenas crea un impacto imborrable en la memoria, en el alma. Lo más probable es que el individuo que supera el shock y el miedo emocional de haber sido testigo de semejante barbarie termina sosteniendo una sola meta en la vida: la venganza, no solo contra los que perpetraron el acto mismo sino contra cualquiera que represente dicho grupo. Esta sed de venganza se vuelve el único motor de su vida; todo lo organiza, todo lo planea, y lo ejecuta en función de obtener su justicia. Lo que es altamente probable es que esto signifique tomar la ley en sus manos aplicándola con todo rigor para castigar a quienes le causaron el dolor en el alma, y aplacar algo la rabia que lo consume.

Estos ejemplos del impacto que las emociones tienen en el individuo son una forma indirecta de verificar la realidad de su existencia, dado que, al abrir el cuerpo de un individuo durante una operación, ninguna de estas emociones se puede "ver" localizada en alguna parte específica del cuerpo, pues las emociones en sí, son incorpóreas. Son realidades del mismo tipo como son los pensamientos; inmateriales; intangibles; sí, pero reales.

Inespacio-temporalidad de las emociones

Queda claro cómo las emociones son auténticamente reales; existen con la misma intensidad del latido del corazón, con la misma fuerza del torrente sanguíneo, con un impacto de semejante envergadura a la cortada de un dedo con un cuchillo. Y sin embargo, las emociones son otra realidad que no tiene ni espacio ni tiempo específico de existencia. Están dentro de nuestra psique, de nuestra memoria como improntas bioenergéticas que pueden ser activadas como recuerdos, como imágenes de eventos vividos muchos años atrás. Las emociones están dentro de nosotros manifestándose como reacciones síquicas tales como depresión intensa, angustia indefinida, miedos sin fundamento.

Y a pesar de esa innegable realidad de las emociones una vez más hay que destacar la característica singular que ninguna de ellas es real espacio-temporalmente como lo son los objetos que vemos "allá fuera' y que afirmamos constituyen la realidad objetiva. Las emociones existen en una dimensión de realidad dentro de nosotros que no ocupa una específica espacialidad ni temporalidad. Las emociones no tienen espacio-temporalidad propia ni físicalidad como la tienen los órganos que sufren su impacto. Estos podemos verlos, podemos pesarlos, podemos observar su intima formación mirando un fragmento de su tejido bajo un microscopio, podemos analizar el estado de sus células en un laboratorio, podemos desentrañar su organización molecular. Nada similar a este procedimiento podemos hacer con las emociones, aunque son reales.

Aunque no podemos "ver" las emociones en sí mismas, si podemos hacer una "radiografía" de dichas emociones con la misma claridad con que podemos "ver" y afirmar algo sobre el estado de dichos órganos. Podemos describir con precisión aguda "el dolor mortal que nos traspasa el corazón" cuando nos sentimos traicionados; podemos evocar la imagen de una "represa de fuerza" que nos invade cuando sentimos profundamente que nuestra sobrevivencia está amenazada.

La inespacio-temporalidad de las emociones deja establecido claramente cómo, en la realidad del sujeto físico, se da esta otra realidad no-tangible, sin peso, no-visible como un objeto, pero tan ciertamente real que su impacto define, configura, moldea la personalidad, la sicología, la individualidad de la persona que las experimenta. Esta realidad de las emociones 'convive', por así decirlo, con la materialidad espacio-temporal del individuo; es real y palpable, es única en cuanto que él, como individuo, es quien vive dichas emociones y nadie puede vivirlas por él, aunque muchos, miles pueden experimentarlas en forma parecida e igualmente intensa a como él las experimentó.

Queda claro cómo, dentro de cualquier persona, las emociones son reales aunque no son visibles. Este es un nivel adicional de realidad que va mas allá de los físico y se anida en el campo de la realidad virtual; realidad experimentable, realidad que modifica e impacta al individuo, realidad que existe en la inespacio-temporalidad de su intimidad, al mismo tiempo que se manifiesta dentro de la concreción de un individuo.

La Mente Ética

La Mente Ética es la capacidad de la mente de comprender y aprehender el orden natural existente en la Naturaleza, al igual que las relaciones entre los hombres. La Mente Ética conoce este orden y lo puede afirmar como una ley natural. Ella hace un inventario, analiza y explicita en qué consisten estas leyes del orden natural. Puede concluir, por experiencia, que cuando dicho orden se contraviene, este se revierte en contra del hombre. Un ejemplo de este orden natural entre los hombres es el respeto por la propiedad privada de cada uno. La Mente Ética tiene la capacidad de encontrar todos los argumentos y justificaciones para afirmar que este es un derecho humano inherente al individuo por el solo hecho de ser humano. La Mente Ética igualmente postula que no es un derecho absoluto sino que tiene que armonizarse con el estado material y económico de la sociedad donde se encuentra el individuo.

La Mente Ética tiene la capacidad de ponderar cuáles son las consecuencias negativas, destructivas para la vida de una comunidad cuando se subvierte el orden y equilibrio que debe reinar entre los miembros de una comunidad. Si alguien transgrede el espacio vital, el derecho a la propiedad, el derecho al respeto de la persona, el derecho a la vida de alguno de sus miembros, y no se hace nada al respecto, muy pronto, otros miembros de la sociedad que no ven ninguna consecuencia aplicada a quien infringe este orden establecido por consenso, comenzarán a destruirlo con comportamientos similares o peores. El bien común queda expuesto, queda vulnerable al capricho de quienes deciden, por cualquier nimiedad, el transgredirlo a su capricho. Con esta dinámica y lógica interna vivida con convencimiento muy pronto aparecen los barrios en la ciudad donde la vida no vale sino unos pocos dólares, los suficientes para comprar la ilusión de una dosis de droga; los bienes adquiridos con mucho esfuerzo como el televisor, el celular, la computadora son robados bajo el pretexto de que, el que los roba no los posee, razón que arguye que por eso 'tiene el derecho' para quitárselos al que si los tienen, independientemente de cuántos sacrificios le costó al dueño para adquirirlos honestamente.

Esta habilidad de nuestra mente nos permite hacer juicios de lo que es naturalmente injusto, inaceptable porque infringe los derechos humanos propios y de los demás y por lo tanto requiere que se le dé un justo castigo al trasgresor. En base a esta habilidad hemos creado las leyes apropiadas para aprehender, juzgar y castigar a los criminales, a los ladrones (individuales o corporativos), a los pedófilos, o a los que ejercen violencia doméstica. En base a esta capacidad de la Mente Ética hemos construido las cárceles donde recluimos a quienes infringen el orden establecido que nuestra Mente Ética entiende, concibe, expresa, formula en principios, en normas, en comportamientos. Sin esta Mente Ética no habría orden ni respeto en una sociedad que requiere de éstos para poder convivir sin agredirnos, respetándonos los derechos inherentes que todos tenemos como seres humanos.

La Mente Moral

Es la capacidad de la mente de hacer juicios sobre el bien y el mal, justo e injusto, basada no en un simple estándar humano sino en un reglamento dado por una Revelación. La base es la expresión de un Ser Trascendente que tiene el poder y la autoridad para declarar lo que es malo y bueno basado en su Eterno Saber. Cualquier trasgresión que va en contra del mandamiento divino expresado en la ley moral no es aceptable. De aquí nace la noción de que la transgresión es un 'pecado' y que por ende merece y requiere un castigo justo.

No entramos a detallar más en qué consiste dicho código moral porque habría que entrar a definir el origen de la Revelación, su validez, su autenticidad. Tan solo baste decir que la religiones, nacidas de una Revelación, han formulado un código universal de leyes morales que la mayoría de la humanidad acepta como guía de recto comportamiento espiritual. Este código incluye el reconocimiento de la existencia del Autor del Código como Absoluto, como Creador, como Legislador con el poder y la Autoridad para hacerlo. Entre esos principios universales también se encuentran el 'no matar', el 'no robar', el 'no mentir', el 'perdonar', el 'tratar al prójimo como uno quiere que lo traten a uno'.

Realidad de los Juicios valorativos, morales

Los juicios morales sobre lo que es bueno y lo que es malo, los juicios sobre lo que es bello y lo que es feo, los juicios sobre el valor de compra y venta que tienen las cosas, los juicios sobre lo que es moralmente aceptable o rechazable son tan reales como lo son los libros que escribimos para describirlos.

Cuando hacemos juicios de valor sobre una obra literaria, cuando le damos un premio, cuando dictamos sentencia sobre la bondad o maldad de un acto específico, cuando premiamos un cuadro por sus méritos artísticos, aun cuando parecen desafiar la leyes de la estética como lo hacen los artistas contemporáneos (lo hace un Botero con sus gordos-gordas, lo hizo un Picasso con sus personas geométricas, lo hacen los pintores abstraccionistas), como cuando damos una corona a una muchacha por ser la reina de belleza internacional; en todos esos momentos hacemos juicios valorativos. Todos estos juicios son reales, pues los hacemos y a causa de su afirmación creamos una realidad que antes no existía.

Pero una vez más, si vamos a buscar dentro del cerebro dónde se encuentran estos juicios no encontramos un sitio específico ni una neurona única, o grupos de neuronas que albergan dichos juicios. Dentro de nosotros los juicios morales, como las emociones, memoria o pensamientos no tienen una existencia física como la tiene el hígado, la tienen los pulmones, la tiene el sistema digestivo. Estamos en el nivel de existencia de los juicios valorativos que son verificables dentro de nosotros mismos como algo real, pero que no se encuentran en ningún punto específico y determinado del cerebro, aunque sabemos por los especialistas que una persona sin el lóbulo frontal del cerebro no puede hacer razonamientos morales.

Y sin embargo no podemos negar la existencia de dichos juicios, pues en base a ellos modificamos la realidad objetiva, la re-definimos y la re-creamos. La realidad de los juicios una vez más nos introduce dentro de una realidad inespacio-temporal dentro del hombre porque no hay un sitio único en el cerebro donde estos juicios valorativos, morales y estéticos se producen, aunque en general aducen los científicos que es una función del hemisferio izquierdo del cerebro. Pero los juicios que estamos aduciendo no están determinados por el tiempo ni el espacio para existir sino en la medida circunstancial que requiere de un momento preciso para ser hechos en la espacio-temporalidad, como es el momento preciso en el cual se da el fallo de un concurso de belleza o se premia un resultado literario dentro de un acto de premiación hecho para ese propósito. Estos juicios básicamente existen en la inespacio-temporalidad de la Mente Ético-Moral.

La Mente Espiritual

Entre todas las funciones que desempeña la Mente, además de las ya vistas se encuentra la función de la Mente Espiritual que es muy especial, muy 'sui generis', porque se desempeña en un plano de realidad que no es fácilmente constatable dado que se adentra en una dimensión, la de la Trascendencia, con la cual no solemos tener contacto y familiaridad como la tenemos con la realidad de las cosas físicas, allá fuera de nosotros, que vemos, tocamos, sentimos, olemos y gustamos. Esta realidad de Mente Espiritual no la conocemos a fondo, no solemos estar presentes en ella ni la experimentamos a diario o constantemente como el darnos cuenta que tenemos hambre, que lo que más gusto me da es el estar con mi novia, que no he estudiado lo suficiente para el examen de mañana, que no se cómo voy a conseguir el pago del arriendo de este mes...

Participación del cerebro

Al igual que las otras funciones de la mente, la Mente Espiritual tiene su área específica en el cerebro donde se manifiesta: en los lóbulos temporales donde se encuentran la amígdala y el hipocampo, que entran en actividad neuronal cuando hay una experiencia espiritual. Es necesario aclarar el concepto de 'espiritual' porque hay manifestaciones similares que se dan en el mismo lóbulo temporal causadas por situaciones traumáticas o actividad anormal tal como la Epilepsia del Lóbulo Temporal (7)

Esta área del cerebro puede producir la sensación de estar desconectado de uno-mismo como en una experiencia de fuera-del-cuerpo; estar desconectado de las propias emociones (despersonalización); tener la sensación de que todo le es extraño, desconocido; experimentar una sensación de inespacio-temporalidad o un estado de éxtasis. (8) Muchas de estas manifestaciones son llamadas experiencias espirituales. Lo importante es conocer la causa de las mismas puesto que si son producidas por una situación anormal como la Epilepsia del Lóbulo Temporal es entonces difícil decir que dicha experiencia es auténticamente espiritual. Esta lo es cuando se tiene una vivencia de la Trascendencia como una relación personalizada con el Ser Supremo que puede tener formas múltiples de expresión.

La amígdala y el hipotálamo, cuando son estimulados a propósito, en situaciones de laboratorio, tienen además la capacidad de reproducir sensaciones de temor y de placer, recuerdo de sabores y olores, sensaciones sexuales y espirituales, recuerdos de cosas malvadas, sueños y pesadillas. Es por esta razón que hay que tener discernimiento para definir con claridad cuáles, de todas estas realidades recordadas, o revividas son las que queremos considerar como espirituales.

Expresiones típicas de la Mente Espiritual

¿Cuáles podrían entonces ser expresiones auténticamente espirituales que no estén producidas por condiciones anormales en esta área del cerebro?

Una exigencia mínima que se la pediría a la auténtica manifestación espiritual es que esta no esté inducida artificialmente por una fuente externa, tal como unas descargas eléctricas provocadas por un científico en el laboratorio, o un torturador. Que dicha experiencia tampoco sea el resultado de uso de drogas sicodélicas que pueden producir estados alterados de la conciencia en los cuales se experimenta una sensación de desconexión con la realidad del acá y del ahora, un sentirse inmerso en el Todo de la Creación, en el Todo del Universo, o un sentir que se funde con la Naturaleza como un elemento más de la misma haciéndose una con ella.

Otra condición, que la experiencia aducida como espiritual no esté asociada a un ataque como en el caso de personas con epilepsia en el lóbulo temporal. Cuando se da esta anomalía se han registrados casos de ataques extáticos en los cuales el individuo experimenta un estado de gran placer o una experiencia cognitiva de unidad, armonía, y de la divinidad en toda la realidad. (9) En algunos de estos episodios las personas que los viven tienen conversiones religiosas muy intensas que han sido ampliamente documentadas (10)

La situación se hace más compleja y difícil de separar entre experiencia espiritual o efecto de la condición de epilepsia en el lóbulo temporal, puesto que las manifestaciones de sensaciones de extremo calor y frio, temblor de todo el cuerpo, afasia o parálisis temporal, perdida de la consciencia, automatismo, sentimientos de pasividad, regresiones infantiles, alucinaciones, y estados extáticos todos han sido asociados a dicha condición epiléptica, pero igualmente muchos de estos estados han sido documentados como experimentados por individuos espirituales del calibre de Ellen White (Adventista del Séptimo Día), Juana de Arco, Santa. Teresa de Jesús. (11)

Situaciones similares se dan en los casos de personas que tienen una Experiencia Cercana a la Muerte, o que de hecho fueron declarados muertos pero regresaron a la vida. Estas personas aducen haber sido conscientes de verse separadas del cuerpo mientras observan a las personas que están con ellas en el momento de transición; afirman que se ven dentro de un túnel oscuro pero que al final del mismo se percibe una luz intensa, y mientras caminan hacia dicha luz hay reportes de oír voces conocidas, ver rostros de los que le precedieron, oír música de increíble claridad, sensación de paz y armonía como jamás la había experimentado.

Esta vivencia espiritual no ha sido documentada como actividad del cerebro en el lóbulo temporal puesto que previamente la persona ha sido declarada 'técnicamente muerta'. Lo que se pone de manifiesto es que en estos casos la actividad mental continúa a pesar de que la persona es declarada 'muerta'. Esta actividad continúa, pues no es posible que una persona muerta pueda describir, al volver a la vida, tal nivel de detalle de lo que vio, sintió, oyó, experimentó al menos que se hubiese dado una actividad mental que después le permitiera recordar y describir lo vivido. Esta experiencia requiere y apunta a una estado de existencia no-temporal, no-espacial pero tan real como las descripciones hechas de lo vivido.

La Mente Espiritual es la que permite al individuo hacerse reflexiones y preguntas sobre una realidad trascendental que percibe en su mente espiritual que existe y que es real, pero a la cual no tiene fácil acceso ni respuestas fáciles. La Mente Espiritual es la que abre al individuo a las preguntas válidas del por qué de la Existencia, del sentido de la Vida, de la existencia posible de un Creador, de la posibilidad de relacionarse con Él, de tener comunicación con Él. Estos aspectos los veremos en mayor detalle en el capítulo 9 donde abordamos esta realidad de la Trascendencia como el objeto del conocer de la Mente Espiritual.

Conclusión parcial

Hemos visto cómo La Mente es una facultad, una potencia, un programa en el cerebro que es el arquitecto del conocimiento y de los pensamientos, que es quien organiza, identifica, clasifica, conceptualiza, relaciona, concluye, hace deducciones, propone teorías, crea imágenes que después encuentran la forma de ser expresadas en la realidad física como inventos, como libros, como planos de arquitectura, como máquinas para hacer miles de funciones diferentes, como vehículos, edificios, pinturas, obras de teatro, pinturas al oleo o acrílicas.

Esta capacidad de la mente de crear pensamientos requiere de la base, la estructura, la organización y el funcionamiento exquisito de los trillones de neuronas del cerebro, sin los cuales no podría la mente ejecutar sus increíbles proceso de conocimiento que lo hemos visto analizado a través de las particularidades de la Mente Emocional con todo el impacto que conllevan dichas emociones en la psique y en la formación de la personalidad; de la Mente Ética y Moral que hace los juicios valorativos que nos permiten definir los derechos y obligaciones del individuo, que nos permite legislar y montar un sistema de justicia.

Pero hemos visto que ninguna de estas funciones de la Mente se encuentra localizados en un determinado grupo de neuronas específicas. Como la Mente funciona en base a la estructura del cerebro, no es de sorprenderse que estas funciones de la Mente se localicen en áreas o porciones del cerebro identificadas por los científicos. Por eso es que somos humanos, porque tenemos un cuerpo que nos permite expresar y procesar las potencialidades de la Mente para convertirnos en los seres creativos, reflexivos, lógicos, inventores, apasionados, y también destructores.

Pero si se escudriña la porción del cerebro donde se ubican las funciones de la Mente uno descubre que no puede encontrar en ninguna de ellas neuronas especificas que alberguen X o Y pensamiento, tal o cual fórmula matemática, tal o cual reflexión filosófica, tal o cual emoción de venganza o de odio particular, tal o cual imagen de la pieza de teatro que va a escribir, la pintura que va a plasmar, la estatua que va a cincelar, el poema o canción que va a componer.

Estas realidades, estas funciones de la mente no pueden ser ubicadas, precisadas, encontradas en ninguna neurona ni en ningún grupo de neuronas. Estos productos mentales están ahí, en la potencia de la Mente, que no ocupa ni espacio ni tiempo específicos dentro del cerebro. Son realidades virtuales, tan reales como los objetos que podemos tocar que se encuentran allá fuera de nosotros, Realidades internas que, aunque no se ven, conforman, hacen parte esencial de la multi-dimensionalidad en la que el hombre se desenvuelve todos los días.

La capacidad de la Mente para interpretar y crear es la que ha hecho posible que el hombre se desenvuelva todos los días en múltiples niveles de existencia, que no serian realidad si la Mente no los produjera y convirtiera en el marco vivencial donde el hombre se expresa, se desarrolla todos los días. Conviene pues, desglosar cuáles son estas realidades múltiples de la existencia humana en los que el hombre se mueve todos los días, como pez en el agua.

Referencias

Capitulo 7

1) Google. _Neurotransmisor - Wikipedia, la enciclopedia libre_ es.wikipedia. org/wiki/Neurotransmisor

2) Google. speed of brain cells transmission The Speed of Brain Cell Communication
   www.disabled-world.com/.../brain/brain-speed.p

3) Deepak Chopra. _Quantum Healing_, pg. 147-160

4) Google. Pensamiento. ¿Qué es y cómo funciona el pensamiento? www. saludalia.com/docs/Salud/web.../doc_pensamiento.htm

5) Emotions. Británica. [_APA Style:emotion_. (2010). Encyclopædia Britannica. _Encyclopaedia Britannica Ultimate Reference Suite_. Chicago: Encyclopædia Britannica]\

6) Idem

7) David Comings, _Did Man Create God?_ - Temporal Lobe Epilepsy,- pg. 355

8) Idem - pg. 347

9) Idem - pg.356

10) Idem - pg. 358-60

11) Idem - pg. 366

Capitulo 8

Las Realidades Múltiples de la Existencia Humana

La multi-dimensionalidad en la que se desenvuelve el hombre todos los días es la realidad creada por su Mente que tiene la capacidad de construir toda una serie de niveles de existencia, producto de su increíble potencial creativo. Esto lo logra con el manejo de los conceptos, con el uso del lenguaje, con la producción de ideas, con la concepción teórica sobre su psique, con la creatividad artística, en las relaciones económicas que establece con los demás, en las relaciones políticas entre gobernantes y gobernados y entre países con países. Para apreciar los diferentes niveles de realidad creadas por la Mente es necesario desglosar las principales para entender la manera como se presentan en su vida diaria.

La Realidad Sicológica

Comencemos por la unidad primaria de la persona que es su individualidad específica. Ésta está conformada por su particular perfil sicológico que es el producto de todas las vivencias, traumáticas y bellas, que vivió a lo largo de su infancia, de su niñez, de su adolescencia hasta la primera adultez que es cuando la personalidad está básicamente estructurada y la sicología del individuo se ha desarrollado en sus rasgos fundamentales. La Mente, que a la par ha ido madurando también, es la que toma auto-conciencia de este nivel de realidad en la que se vive como individuo único e irrepetible.

El cómo cada uno procesa esas vivencias traumáticas o bellas es lo que moldea el carácter, la forma de ser y responder a diferentes estímulos, las actitudes, las creencias, los comportamientos del individuo. Este nivel de realidad es único e irrepetible para cada individuo y tendrá como resultado el perfil sicológico que lo definirá frente a los demás y que le servirá para filtrar toda nueva experiencia emocional y social que experimente. Realidad sicológica que no se adquiere en una sola experiencia ni en un solo momento pues tiene un desarrollo paulatino, por etapas diferentes, bien definidas y estudiadas por los sicólogos. Etapas tan reales como es el desarrollo sicológico del individuo.

Lo más importante por anotar en esta dimensión sicológica del individuo es que es un nivel de realidad personal que nadie puede vivir por él/ella, que nadie puede arrebatarle pues básicamente está impreso en el yo-sicológico interior al cual nadie tiene acceso si el individuo no lo permite. Este proceso de maduración sicológica por etapas es el que define la imagen que el individuo tiene de sí mismo, su nivel de auto-estima y de seguridad personal frente a los demás.

Esta realidad sicológica es tan real que nos define como individuos retraídos o extrovertidos, alegres o tristes, deprimidos o eufóricos, emprendedores o cautelosos, miedosos o temerarios, artísticos o mecánicos, teóricos o prácticos, pesimistas o positivistas, innovadores o conservadores, arriesgados o apáticos, económicos o gastadores, comprometidos o pasivos, vociferantes o callados, tímidos o arrojados, fuertes o débiles, graciosos o aburridos, sociables o marginados, vanidosos o sencillos, gastadores o ahorradores, precavidos o arriesgados, analíticos o intuitivos, críticos o sin opinión, agradables o desagradables.

Esta realidad única e irrepetible es la que nos permite vivir la existencia como tal o cual persona, con tales y cuales cualidades, con tal o cual genio, con tal o cual visión de la vida, de la amistad, de las oportunidades, de las reacciones ante el peligro o la catástrofe, en la definición de las metas y objetivos que se ha de proponer en la vida. Esta realidad es tan rica y variada que por ello no se encuentran dos sicologías perfectamente iguales, menos idénticas, aun en casos de gemelos. Cada uno es cada uno y esa es la realidad en la cual, como individuo, se manifiesta, se expresa, se relaciona. Esta realidad incluye el desarrollo de una sicológica 'normal' o de una sicología 'anormal' (de acuerdo a los parámetros de normalidad o anormalidad del grupo cultural dentro del cual se vive).

La realidad sicológica de los individuos es tan diversa que se convierte en la riqueza misma de la humanidad tanto cuanto hay diversas formas de reaccionar ante los eventos que la vida nos arroja. Realidad tan palpable y variable como hay individuos concretos reaccionando como lo podemos constatar en sus diferentes respuestas.

La Realidad Social

Es evidente para todo individuo bien desarrollado que hay una dimensión, una realidad existencial innegable y es la de que vivimos en sociedad. Desde que nacemos nuestra Mente va adquiriendo consciencia que vivimos rodeados de 'otros', similares a nosotros, con las mismas necesidades, aspiraciones, emociones, sueños, creencias, metas, y comportamientos. La realidad de vivir en sociedad, que se experimenta por primera vez en el seno de lo que es la familia para cada individuo, es una realidad que nadie cuestiona como no-existente. Sencillamente se vive en comunidad, se crece en comunidad, se alimenta y viste en comunidad, se aprende en comunidad, se sobrevive en comunidad, se encuentran valores o rencores en comunidad.

Entre todos los aspectos positivos de vivir en comunidad el que más rápido se aprende es que dependemos de los otros para simplemente sobrevivir, sea porque otros nos preparan la comida, otros la producen, otros las venden. Igualmente dependemos de que otros produzcan todos las cosas y objetos que requerimos para sobrevivir: la ropa con que nos vestimos, los zapatos con que caminamos, la luz que consumimos en la noche, el gas con que cocinamos, los electrodomésticos con que preparamos las comidas, los muebles sobre los que comemos, nos sentamos o dormimos; las medicinas que nos curan, los vehículos que nos transportan, la gasolina que los impulsa, los cuadernos sobre los que escribimos, los bolígrafos con que escribimos, los libros con los que aprendemos. Todas estas cosas requieren de otras personas que los manufacturen para que todos, como individuos, podamos sobrevivir, crecer, y desarrollarnos. Sin su trabajo, sin su esfuerzo nuestras vidas no pueden manifestarse a su nivel potencial.

Es en esta realidad social en la cual se aprenden, desde pequeños, las reglas de convivencia que nos permiten, como individuos, aprender a relacionarnos con los demás en un plano de cooperación, de respeto, de apoyo. Sin estas reglas no es posible mantener las relaciones colectivas en armonía, en funcionamiento ordenado que permiten construir una realidad de colectividad que se nutre de los aportes individuales y crece a la dimensión de dichos aportes.

La realidad social no se restringe al grupo familiar, al grupo barrial, al grupo local. Esta realidad social abarca la identidad de toda una nación, de todo un grupo de naciones que se proclaman ser latino americanos, asiáticos, africanos, etc. En este proceso de identidad nacional, la realidad social se transforma en historia dentro de la cual el individuo social descubre que él, aun siendo tan solo un individuo, sin embargo participa en la construcción de la historia del grupo, de la nación. Lo hace cuando participa en los eventos colectivos que hacen la historia tales como las manifestaciones de protesta del gremio laboral, en la organización de una cooperativa, en firmar una petición para que se haga justicia, en defender una causa de protección del medio ambiente, en formar parte de una manifestación de protesta contra las injusticias del gobierno.

En cualquiera de estos eventos, la realidad social se construye y se estructura con la dimensión social del individuo que se manifiesta, que se expresa, que toma consciencia de su rol histórico y que lo asume con plena responsabilidad. La toma de consciencia de esta dimensión de la realidad, a través de la toma de consciencia de la Mente Ética, no solo permite al individuo crecer en la dimensión de su realidad sicológica, sino en la dimensión social de la cual no se puede substraer si quiere ser actor de su propia historia.

Es precisamente la Mente Ética la que entra en acción para definir las reglas de convivencia de la realidad social. Ella colabora y contribuye a crear la definición de cuáles son comportamientos inaceptables para el bienestar de la colectividad. La Mente Ética participa en la definición del premio o castigo que los individuos merecen por sus actuaciones. Ella, en corto, ayuda a definir la realidad de justicia social que es imprescindible para subsistencia de un grupo social vivo, en constante evolución y en permanente capacidad de crecimiento y desarrollo de esa realidad social.

Realidad Económica

¿Cómo se construye la realidad económica?

El punto de partida es una necesidad básica común a todos los individuos. Necesitamos bienes de consumo para vivir. Estos son de toda índole, pero básicamente son los alimentos, la vestimenta, la vivienda, el transporte, los gastos en aspectos de salud, la educación necesaria para convertirse en un profesional remunerado adecuadamente y los pequeños pero necesarios momentos de expansión y recreación.

Los bienes de consumo primarios sin los cuales nadie puede subsistir se adquieren y se venden porque hemos inventado la realidad de la moneda. Fue la forma de estandarizar un valor estable por medio del cual se pudiesen hacer compras grandes o pequeñas sin tener que cargar con un bien de consumo para intercambiar. La moneda, sin importar cuál es su respaldo, se ha convertido en la realidad económica por excelencia. Sin el dinero (en cualquiera de su forma física o electrónica), poco o nada de la realidad económica moderna existiría. De hecho existe y se da la realidad del dinero que la hace funcionar.

Las transacciones que hacemos en la compra y venta de los productos de primera necesidad establecen las bases de la realidad económica. Esta base comenzó hace muchos atrás cuando las monedas de oro y plata, y aun de cobre comenzaron a circular como el medio, como la realidad que permitía la compra y ventas de dichos bienes de consumo, la base de la economía de una provincia, de un pueblo, de una ciudad, de un país. Las arcas repletas de estas monedas de los reyes, de los príncipes, de los Ayuntamientos y después la de los bancos, se convirtieron en la medida de la riqueza de un grupo familiar, de un principado, de una ciudad, de un país. Este material ofreció lo que el desarrollo de la realidad económica exigía, que hubiese un medio estable, uniforme, con igual valor en cualquier país de manera que ofreciera el respaldo para llevar a cabo la compra y venta de bienes de consumo.

La realidad económica se vive a varios niveles y en cada uno tiene su propio modo de existencia. Estos niveles son: el nivel individual, el nivel familiar, el nivel grupal, el nivel regional y el nacional. Realidad visible, palpable, mensurable en la que el individuo comienza a relacionarse con la misma desde el seno familiar cuando entra en contacto con la realidad económica de la familia. El padre o la madre que pagan en el mercado con billetes y monedas los alimentos comprados, la madre que compra la tela para hacer vestidos o compra los vestidos hechos. La madre que envía al chico a la tienda de la esquina para que compre sal o azúcar. Es en el núcleo de la familia donde la realidad económica se aprehende y se capta en su valor intrínseco, en su micro poder de adquisición.

Más tarde se aprende el valor comercial de los bienes de consumo cuando el individuo aprende a manejar las finanzas de una organización, de un grupo, de un banco, de una financiera. Igualmente aquellos que entran en los puestos de gobierno que manejan las finanzas del país, adquieren la visión de la realidad económica de una nación. Cada nivel tiene su definición de realidad económica: la micro-economía, la economía de la clase media obrera, la macroeconomía de un país, de un grupo de países con otros grupos, la economía corporativa, y hoy día, la nueva economía global.

Lo que es innegable es que, aunque la moneda sea una construcción mental con un valor determinado, esto no le quita nada a que es la creadora de una nueva estructura social sin la cual ni el pueblo, ni las ciudades, ni los países pueden subsistir en el consorcio de los demás países. La economía determina el nivel y ritmo de crecimiento de una nación, el ritmo de producción de artículos de primera necesidad como los absolutamente innecesarios, el nivel de bienestar o de carencia de las masas populares, el nivel de salud de la población en general, el nivel de alfabetismo del país.

Realidad Política

La realidad política es ante todo las relaciones del pueblo con sus gobernantes, aunque sus comienzos históricos fueron más bien las relaciones jerárquicas y autoritarias de los gobernantes con sus súbditos. La realidad política se podría decir que es el derivado natural de la realidad social, tanto en cuanto se refiere a cómo se relacionan un grupo de dirigentes de un país con aquellos que los eligieron.

Esta relación se expresa normalmente como el conjunto de leyes, de regulaciones, de ordenanzas que son emitidas para organizar la marcha del país en sus múltiples niveles de realidad como es la realidad educativa, la realidad económica, la realidad jurídica, la realidad de relaciones con otros países. Cada una de estas áreas requiere un tratamiento específico porque cada una tiene sus propios niveles de realidad autónoma así como niveles de realidad compatibles con las otras áreas. Ejemplo de la primera afirmación es el conjunto de regulaciones que se requieren para que el contenido de la educación sea el adecuado, apropiado y al nivel que cada edad de los muchachos(chas) requiere. Esas regulaciones educativas difieren en gran medida con las regulaciones que se requieren para el adecuado funcionamiento del sistema judicial. Pero en las dos realidades hay elementos comunes como es el determinar el nivel salarial de cada área para lo cual se tienen que definir escalafones y escalas de méritos.

La realidad política, cada vez más compleja a medida que se hace más compleja la vida moderna, tiene que afrontar la realidad de que no todos los grupos participantes en la vida política del país piensan en forma parecida y que por ende hay grupos políticos antagónicos, cada uno con su propia agenda política, muchas veces diametralmente opuestas en propuestas y concepciones teóricas de cómo se debe manejar el estado. Para que esta realidad política se mantenga es necesario establecer normas y reglas de juego que ambas partes acepten como plataforma de relaciones entre los partidos que garanticen el mínimo exigido por los derechos humanos de los integrantes de cada grupo.

La realidad política tiene además que lidiar con la realidad de que el país, como entidad política, tiene obligación de mantener relaciones políticas con otros países, especialmente cuando los países vecinos presentan una amenaza de invasión sea porque tienen un mejor ejército y más armamento, sea porque uno de los países tiene más recursos naturales que el otro carece, sea porque alguno de los países esta estratégicamente localizado y países más fuertes están dispuestos a darles ayuda masiva económica o militar a cambio de tener acceso a su posición estratégica. Todos estos aspectos de la realidad política tienen que ser considerados cuando se trata de establecer relaciones diplomáticas con otros países que permitan mantener el equilibrio y el desarrollo de cada uno en alguna forma equitativa.

Realidad de la Creatividad

La creatividad es definitivamente una de las operaciones por excelencia de la Mente. En ella el hombre demuestra lo mejor de sí mismo, el potencial con el cual está dotado desde su nacimiento, y las cumbres a la cual puede llegar cuando se le brinda la oportunidad para que su Creatividad se manifieste. Un breve recorrido por las áreas de la creatividad pone de manifiesto hasta dónde puede desarrollarse la realidad de la creatividad.

Sin duda alguna que la realidad Artística es la expresión más excelsa de la creatividad. Este ámbito cubre varias otras realidades: la realidad de la música, de la pintura, de la literatura, de la escultura, de la orfebrería, de la artesanía textil. Sinfonías como la de Beethoven, Bach, Tchaikovski, Brahms, Wagner ponen de manifiesto las cumbres hasta las cuales el hombre puede llegar cuando tiene oportunidad de elevar las simples notas musicales para convertirlas en una verdadera armonía de sonido con tintes de trascendencia que elevan el espíritu de quienes los escuchan embelesados.

No menos atrás se quedan las pinturas majestuosas que nos han dejado los grandes pintores del pasado y del presente arrancando a nuestra contemplación exaltaciones de admiración constante. Esto nos ocurre frente al fresco de la Capilla Sixtina pintada por Miguel Ángel, frente a la perfección de las facciones de la *Venus de Milo* de Sandro Boticcelli, el perfecto claro oscuro de *Las Meninas* de Velázquez, la fuerza vital del fresco *Guernica* de Picasso, los efectos lumínicos de los paisajes de Monet, el impresionismo de Manet en el cuadro *Desayuno sobre la hierba*, el surrealismo enigmático pero de fuerza hipnótica de Dali, o la abstracción lirica-cromática de Kandinsky o la geométrica de Malevich. (1)

La realidad de la literatura está absolutamente repleta de extraordinarias obras que han dejado una estela de imágenes en el inconsciente colectivo convirtiéndolos en arquetipos míticos. En esta categoría encontramos el gigante de caracteres como lo son Don Quijote de la Mancha y Pancho de Cervantes, el extraordinario viaje al más allá de Dante en la *Divina Comedia*, la angustiosa pregunta existencial del *Hamlet* de Shakespeare, la imaginación adelantada de los viajes de Julio Verne, el absurdo de luchar contra la burocracia sin rostro en *El Juicio* de Kafka, los mundos mágicos de Macondo de García Márquez, el laberinto de la consciencia y la culpabilidad de Sofia en *Sophie's Choice* de William Styron, los mundos mágicos de *Alicia en el Pais de las Maravillas* del matemático británico Lewis Carroll, o las sátiras sociales escondidas en los *Viajes de Gulliver* de Jonathan Swift. (2)

La realidad de la escultura es otra expresión artística que nos ha dejado plasmados en piedra, en mármol, en hierro, en bronce esculturas de una exquisitez y realismo pasmoso demostrando cuán rica es la realidad creada por una mente artística. Baste recordar *El Pensador* de Rodin, el *David* y el *Moisés* de Miguel Ángel, la *Fuente de Trevi* y la *Fuente Neptuno* de Roma, *Perseo y Medusa* de Cellini, la *Venus de Nilo*, *Apolo y Dafne* de Bernini, las estatuas de la Isla de Pascua. Cada una de ellas hablan por sí solas, tienen una fuerza y una energía que parecen estar vivas, que quieren caminar, saltar, hacerse presentes en nuestra realidad. Tal es su realismo y su perfección, fruto y producto de una Mente creativa que de un bloque de piedra, de mármol sacan vida como si dentro del mismo ya existiera la figura que hoy contemplamos mudos de admiración. (3)

Si la realidad artística sobre-abunda en magníficos exponentes, no menos se queda atrás la creatividad que se encuentra en la Realidad Técnica: la ingeniería, la química, la astro-física. En cada una de estas áereas los ejemplos hablan por sí solos de la capacidad que tiene la Mente de producir obras técnicas que superan la más afiebrada imaginación. En el área de la ingeniería basta con mencionar la torre Eiffel en Paris, la represa Hoover Damp en EEUU, la aguja de Toronto con restaurante en la cúpula, el rascacielos más alto del mundo, el Burj Khalifa en Dubai con 824 metros de altura; la represa más grande del mundo, las Tres Gargantas, sobre el rio Yangtsé, China que mide 2.309 metros de longitud y tiene 185 metros de altura con una esclusa capaz de manipular barcos de hasta 3.000 toneladas; el viaducto de Millau, en Aveyron es un puente que une el Causse du Larzac y el

Causse Rouge en Francia pasando por encima de un valle, inaugurado el 14 de diciembre de 2004 tiene una altura de 343 metros sobre el rio Tarn (que prácticamente duplica la altura del que hasta entonces era el puente más alto del mundo), el puente pesa alrededor de 350.000 toneladas y tiene una longitud de 2.460 m; sus 7 pilares de hormigón sostienen una calzada de doble carril de ida y de venida con un estimado de 10.000 – 25.000 vehículos transitando diariamente. Finalmente mencionamos el Aeropuerto Internacional de Pekín cuya ampliación inaugurada el día 29 de febrero de 2008 tiene casi 1.000.000 de metros cuadrados haciéndolo hoy día el aeropuerto más grande del mundo con la posibilidad del manejo de 76 millones de pasajeros anualmente. (4)

La química nos ha brindado todo un nuevo mundo de objetos hechos a base de polímeros cuya resistencia y elasticidad han permitido la construcción del transbordador Discovery, la producción en masa de tuberías con mayor durabilidad que las hechas antes en cobre y con menos riesgo de contaminación. La química ha creado las vacunas milagrosas que han erradicado del mundo la polio, el sarampión, la viruela, la difteria. Los artículos hechos a base de plásticos son innumerables pues van desde la carrocería de vehículos y botes hasta el modesto asiento ligero para sentarse en el patio de la casa y gozar de un asado pasando por cuanto artefacto es necesario en la cocina y en el taller de mecánica. Las aleaciones de elementos que la química ha descubierto nos han generado múltiples objetos de muy variadas cualidades necesarias para la construcción. Es el caso del aluminio en sus más variadas capacidades: aluminio con aumento en las propiedades mecánicas, con resistencia a la corrosión, con mejoras en la soldadura.

La astro-física por su lado nos ha develado un nuevo universo al cual no teníamos acceso y ni siquiera conocíamos. Lo ha hecho a través de los múltiples artefactos concebidos para desentrañar esos misterios del universo como han sido los satélites, el telescopio Hubble, las sondas espaciales, los vehículos exploradores automatizados y sin tripulación que han ido a Marte manejados desde la Tierra con señales electrónicas. Todos estos avances nos han mostrado un sublime Universo de miles de miles de galaxias con miles de miles de estrellas cada una, y posibles planetas similares al nuestro. Nos han mostrado un Universo en expansión continua, en evolución constante en belleza rutilante cuando lo contemplamos en las fotos extraordinarias enviadas por los artefactos que hemos lanzado para su exploración.

Todos estos ejemplos de la Realidad Creativa de la Mente nos narra a grandes voces lo increíblemente transformadora que ha sido la Mente del hombre para crear sus múltiples niveles de realidad. Realidades que sin la Mente del hombre en acción no estaría presente en la historia, no estaría construyendo la evolución misma del hombre.

Realidad Cultural

Pareciera que la descripción anterior sería suficiente para demostrar la creación de realidades no existentes que es capaz de llevar a cabo la Mente humana para constituir el medio ambiente donde el hombre nace, crece y se desarrolla. Sin embargo, aún quedan dos Realidades más por abordar para tener un cuadro más completo de la capacidad que tiene la Mente humana de crear realidad a partir de su propia actividad creativa. Estas son las Realidad Cultural y la Realidad Religiosa.

La Realidad Cultural es creada por las expresiones grupales sobre las creencias, los mitos y las tradiciones que se reciben, se asimilan, se actúan y se pasan a las subsiguientes generaciones. Esta realidad es tan sólida y fuerte que de ella genera conflictos generacionales cuando el grupo más joven cuestiona la validez de las tradiciones culturales recibidas y explora nuevas alternativas de expresión colectiva sobre los mismos temas. En cualquiera de las situaciones la creatividad de la Mente sigue siendo el artífice de la producción cultural que tanto define la idiosincrasia de un pueblo, de una nación.

La cultura expresa en el tiempo la realidad de lo que constituye la realidad culinaria del grupo. Ella es la que valida, a través de generaciones, lo que es típicamente el alimento que identifica un grupo humano y lo diferencia de los demás como lo hace el arroz chino, la paella española, el quiche francés, la bandeja paisa de Antioquia, Medellín; el kibbe, la baclava y el hummus libaneses; el gyros y el pan pita griegos; en la India los platos son muy diversos pero se conocen en el occidente el ghee (la mantequilla clarificada), y el yogur, además del Buknu, siendo típico de ellos los condimentos fuertes; platos picantes se preparan en varias partes del mundo: los tacos mexicanos, la sopa Phad thai de Tailandia o los cebiches peruanos. (5)

Si la comida constituye una clara realidad diferenciante, no menos lo hace la música y la danza que varía tanto de cultura a cultura. La danza rítmica al son de tambores llevada a cabo especialmente por los hombres en el África se diferencia claramente del vals prusiano en la que la pareja se desliza por el piso al ritmo de una suave melodía de violines. Igualmente el ritmo hop identifica las culturas modernas de los jóvenes de Norteamérica y algunos países europeos que prefieren el ritmo frenético antes que el baile acompasado de un bolero, de una salsa, de un tango. Está el baile casi aeróbico de los cosacos, a la elegancia y suavidad casi flotante del baile chino moderno. Es clara la diferencia entre el baile rígido de las geishas japonesas al baile casi erótico de las 'belly dancers' de Arabia, sin excluir el baile estrictamente erótico de las 'strip teaseras' de los bares occidentales. En ellos se recuentan historias de amor, guerras heroicas, conquistas de corazones, coqueteos y flirteos escondidos. El baile expresa el momento social de una cultura que celebra un evento particular con su significado especifico elaborado cuidadosamente a lo largo de centenas de años.

La música igualmente forma parte integral de una cultura porque no solo acompaña la danza sino que por sí misma puede tener igual rol de comunicar al grupo social una realidad vivida recientemente, una historia colectiva, una tragedia individual, una emoción extraordinaria, una celebración patriótica, un evento cultural para lo más refinados del grupo como son las operas, los conciertos de los famosos.

Creencias y mitos son elementos esenciales que tejen la fibra de las culturas. Estos nacen de interpretaciones no-científicas de la realidad desconocida y de la imaginación que substituye las explicaciones racionales. En cualquier caso expresan colectivamente lo que se cree son los orígenes del grupo social, lo validan, le dan vida a lo largo de la historia y consolidan la identidad del grupo frente a otros grupos diferentes. La cultura expresada en los mitos y creencias tiene raíces tan antiguas que son difíciles de cambiar, casi imposible de erradicar aun con las evidencias científicas más contundentes que dicha interpretación de la realidad es incompleta, incorrecta y aun nociva como por ejemplo el continuar con la escisión del clítoris de las jóvenes en los países africanos y árabes, a pesar de los estudios científicos que demuestran los impactos devastadores que dicha práctica tradicional pero irracional tiene en la salud reproductiva y general de las jóvenes.

Realidad Religiosa

Si bien hemos recorrido las realidades diferentes en las que el hombre vive su individualidad y colectividad como producto de su Mente Creativa, queda una última área por señalar, y es la Realidad Religiosa que el hombre también crea.

Esta realidad tiene su base en la Mente Espiritual que ya hemos presentado. Por medio de ella el hombre se vincula, se enlaza con la dimensión de la Trascendencia. Dimensión a la cual no tiene fácil acceso pues su capacidad común y corriente de su Mente no le da para mantener contacto activo y permanente con esa Realidad Trascendente como lo tiene con los objetos que ve, toca, palpa y huele allá fuera de sí mismo todos los días, todo el tiempo. Esta realidad es silenciosa, oculta, difícil de acceder, más difícil de comprender, casi imposible de explicar en los mismos términos de una ecuación matemática, de una aleación química, de una obra de arte.

La realidad religiosa se fundamenta en una doble vertiente. La de una Revelación externa afirmada que viene de Dios por medio de su Mensajero, y en una organización social realizada por los seguidores de esa Revelación. El contenido de dicha Revelación está vinculado con la Realidad de un Dios Único, Auto-subsistente, Creador, que se revela a un grupo humano en una forma tal que ellos pueden comprender dicha Revelación porque está adaptada a su capacidad y desarrollo colectivo. La organización posterior de dicha Revelación en iglesia, congregación, denominación o similar es la necesidad humana de darle a dicha realidad-revelada y recibida una forma coherente de manejo, de expresión colectiva. De ahí nace la organización con jerarquía, con puestos definidos, con funciones, con culto comunitario de acuerdo a las indicaciones dadas por la Revelación. Culto llevado a cabo con expresiones artísticas religiosas a base de pinturas, estatuas, símbolos, música o cantos comunitarios.

Lo más importante por destacar en este momento es que es una Realidad sentida del hombre en su relación con la Trascendencia que requiere su propio espacio de expresión muy diferente a todas las otras realidades que hemos presentado pues en esta se juega, en su interpretación, el sentido de su existencia ahora y después de la muerte.

Conclusión parcial

La Mente es el arquitecto de nuestros conocimientos que crean todos los niveles diferentes de realidad que vimos en el capitulo anterior. Este arquitecto crea de hecho múltiples realidades dentro de las cuales el hombre se expresa como individuo y como comunidad sea por la vía artística, sea por la vía técnica, sea por la vía reflexiva, sea por la vía práctica. Cada uno de estos niveles de realidad parcial construyen el marco total de la Realidad en la que el hombre descubre una identidad personal, una individualidad, una pertenencia a la colectividad dentro de la cual lleva a cabo su desarrollo parcial, integral o completo dependiendo del nivel que pueda tener de auto-conciencia de quien es él y por qué está acá en la espacio temporalidad.

Esta multi-realidad interior del hombre crea la multi-realidad de su mundo exterior dentro del cual tiene que descubrir cuál es su potencial de desarrollo, cuál es su potencial de trascendencia. Niveles de realidad que se inician en la Mente como pensamientos, como ideas, como conceptos, como imaginación, como intuiciones que terminan creando la multi-realidad donde el hombre se manifiesta con todo su potencial.

Aunque queda claramente expresado la multi-dimensionalidad que la Mente crea en la cual el hombre hace el devenir de su historia personal y colectiva, sin embargo es necesario explorar un nivel adicional de la Mente que no hemos tocado, el nivel mas intimo, la Consciencia, donde el Yo-primario, el Yo-esencial, el Yo-idéntico consigo mismo se descubre real y actuante. Este Yo es y se manifiesta de forma única en el hombre y abre la puerta a una dimensión interior que no es posible aprehender al menos que se haga el viaje exploratorio a ese recinto. Es el contenido del próximo capítulo.

Referencias

Capitulo 8

1) Google. Artistas famosos en la pintura.
2) Google. Escritores famosos
3) Google. Escultores famosos
4) Google. Obras de ingeniera más grandes del mundo.
5) Google. Comidas típicas del mundo

Capítulo 9

La Auto-Consciencia, el Yo-intemporal-inespacial

La Auto-consciencia es otra facultad de la Mente, pero es muy especial porque ella es la que pone en contacto el Yo-consciente con el yo-idéntico-a-si-mismo en un mismo acto de presencia-existencia que no requiere de ningún estímulo de la realidad objetiva para hacerse presente a sí mismo. Esto ocurre en la intimidad de uno mismo. En forma paralela a las otras funciones de la Mente, la Auto-Consciencia tiene varios niveles ser-estar que es necesario desglosar. Comencemos por el más primario e inmediato, la Mente Existencial.

La Mente Existencial

La Mente Existencial se expresa cuando nos damos cuenta en forma inmediata y directa, sin mediaciones de ninguna clase, que existo, que estoy vivo y que esta constatación no requiere de ninguna prueba. La experimento directamente. Nadie tiene que decírmelo, probármelo, o esforzarse para que yo entienda que estoy vivo. Lo sé directamente, experiencialmente sin la mediación de conceptos o de deducciones lógicas. Sé y siento que estoy vivo, se que existo y lo sé como un conocimiento intuitivo, directo, primordial. Esta forma de conocerme es innata y no requiere de un aprendizaje formal. Lo que si requiere es un acto consciente que lo afirma para mí mismo, lo explicita, lo confirma, lo hace evidente al Yo-que-me conozco.

Me experimento vivo en el mismo acto de estar consciente que estoy vivo. Y en este acto consciente de saberme vivo y existente también experimento una conciencia de que dicho acto no requiere de un tiempo ni de un espacio especifico par ser consciente de esa realidad existencial (a excepción de la infancia durante la cual no se ha desarrollado ni manifestado la consciencia). Lo contrario de la consciencia de tiempo y espacio que necesito tener presente cuando hago una carrera de 200 metros. Sin estar absolutamente presente, consciente a esa dimensión de espacio (recorrer la distancia de 200 metros) y de tiempo (hacer la carrera en el menor tiempo posible) no puedo ni arrancar ni correr la distancia de la carrera.

Yo-soy-el testigo-silencioso de mi propia existencia. Así como es verdad que no puedo salir de mi interioridad para observarme, es igualmente cierto que nadie puede entrar dentro de mí para ser testigo de mi propia esencia, de mi existencia. Esa persona puede verificar aquellas manifestaciones externas que muestran que estoy vivo tales como el latido de mi corazón, mi respiración, mi pulso, el movimiento de mis parpados, pero no puede entrar dentro de mí para convertirse en el observador de la esencia de quien soy o de que me percibo existente. El único que puede llevar a cabo ese acto de reconocimiento de mi propia existencia en mi interior es el testigo-silencioso-que-soy-yo..

De nuevo, si abrimos un cerebro humano, lo diseccionamos, desenroscamos su maraña de neuronas no podemos "ver", ni decir "ahí, en este lugar preciso" se encuentra este acto único e instantáneo en el cual la Mente existencial puede "darse cuenta" que yo, como individuo, Existo, Soy.

Lo que puede variar ligeramente es la intensidad con que se experimenta dicha percepción de estar vivo, existente. Esta conciencia de existencia le brinda una identidad única e inseparable a cada persona, una realidad única e irrepetible por otro. Cada uno hace este acto de consciencia por sí mismo. Nadie puede hacerlo ni experimentarlo por otro, como nadie puede experimentar ni vivir por otro el acto de nacer, el acto de morir. Son momentos únicos e irrepetibles que cada hombre/mujer debe hacer por sí mismo.

La Mente Existencial me permite, además, darme cuenta de mi corporeidad porque siento el latido de mi corazón, la pulsación de mi ritmo cardiaco en las sienes cuando corro; el saberme presente en el espacio tiempo porque tengo este cuerpo vivo y actuante que permite 'verme' en un espejo, y que otros me 'vean' espacio-temporalmente.

Darse cuenta que se posee un cuerpo concreto y tangible, compuesto de cabeza, ojos, boca, nariz, orejas, cuello, pecho, brazos, sexo y piernas dentro del cual habita el YO-interno es una experiencia tan inmediata y concreta que la mayoría de la gente, al preguntárselo, puede fácilmente decir que existe como tal individuo que tiene tal cuerpo con tales características. Este cuerpo inmediatamente verificable y existencialmente experimentable expresa, en la espacio-temporalidad, ese que soy-consciente-que-soy, y que soy de tal o cual color, tal o cual género o grupo étnico, de tal o cual país, de tal o cual cultura. Todo ese ensamblaje es el que me define como tal persona y no otra.

El hombre se da cuenta muy rápidamente que su existencia no solo se le presenta en forma directa e inmediata como presente en el tiempo y en el espacio sino que a la vez "descubre" su YO-interno, ese que le permite ser consciente de que piensa y saber que piensa. Ese YO-interno lo experimenta como individuo, como un 'yo' con un cuerpo propio, con una sicología y personalidad única, que le permite definirse como tal hombre, como tal mujer, diferente de los demás.

Esta experiencia inmediata de existir corporalmente no requiere de pruebas, no requiere de racionamientos complicados. La consciencia de vivir espacialmente la corporeidad, y la consciencia de que se es espacialmente corpóreo es algo de lo que no requerimos de grandes pruebas "objetivas". Podemos tener esta percepción-experiencia, desde muy pequeños, sin necesidad de haber cursado ninguna universidad, ni de manejar los conceptos usados en este momento. Le basta conocer y entender los conceptos para usarlos como una afirmación de existencia directa e intuitivamente experimentada.

Existir en el espacio-tiempo

Nadie necesita que se le elabore o se le explique tampoco que existe y vive en la dimensión espacio-temporal. Lo puede entender en forma directa, sin procesos mentales elaborados. Darse cuenta que vive en la dimensión de la espacialidad es algo que se aprende muy rápido cuando se es un infante. Comienza con una de las acciones humanas básicas: la de aprender a agarrar cualquier cosa con las manos. Fuera de la respuesta instintiva de enrollar los dedos alrededor del objeto, el infante requiere comprender que las cosas que desea agarrar se encuentran "*allá fuera*" de sí mismo, en una determinada distancia que tiene que salvar sea estirando la mano, irguiéndose en la cuna, arrastrándose sobre la barriga, gateando, o caminando. Se da cuenta muy pronto que para poder conseguir el objeto que le llama la atención, que le estimula la curiosidad, que le despierta el deseo de agarrarlo tiene que salvar la distancia que lo separa del mismo. Una vez aprendida por primera vez esta realidad, el bebé aprende, para siempre, que si quiere agarrar cualquier objeto, requiere desplazarse o estirarse hasta donde se encuentra. Aprende, igualmente rápido, que cuando dichos objetos están en un sitio muy alto, o muy lejos, no los puede alcanzar por más esfuerzo que haga.

Después aprende la noción de tiempo cuando se da cuenta que tiene que esperar antes de obtener lo que desea. Al principio es la comida y la necesidad de aplacar el hambre. Hay un desarrollo paulatino que le enseña que no puede conseguir lo que desea en el momento que lo desea, por más que llore pidiéndolo. La sensación de tener que dejar pasar uno o muchos minutos hasta el momento de conseguir lo que quiere pronto le enseña la dimensión experimental y directa de lo que es el Tiempo.

Pero una vez que ambas dimensiones se experimentan, se comprenden y se introyectan, estas quedan grabadas para toda la vida. Es algo que no se pierde jamás, que por el contrarío, a medida que pasan los años se hace más claro y evidente que se vive en las dos dimensiones – la espacial como la temporal – como las dos grandes vertientes que conforman el marco de referencia más básico donde se da la existencia, donde cada uno se experimenta vivo e individual.

Existir en comunidad, en una cultura y sociedad

Después de percibirse uno inmerso en la espacio-temporalidad con una corporeidad, en forma inmediata se percibe uno existiendo en otra dimensión adicional de realidad humana y es la de no vivir solos, aislados de los demás. Por el contrario, se constata desde pequeños que vivimos inmersos en una realidad espacio temporal que es compartida con otros.

Esos 'Otros' aparecen al principio como papá, mamá, hermanos o hermanas con quienes se comparte el espacio-tiempo de la casa. Más tarde cuando se entra a la escuela primaria y se prosigue a la secundaria, se descubre pronto otra dimensión: la social. En ella se entra en contacto con otros niños/niñas parecidos a nosotros, o ligeramente diferentes en el color de su piel, en su forma de hablar. Se pasa a entender poco a poco, que las relaciones con los niños no son las mismas que con las niñas. Con los niños se viven las aventuras en el monte, se va de exploración a un bosquecillo, se juega al 'bueno y el malo', se miden las fuerzas en la lucha libre, se crean aventuras interplanetarias. Con las niñas se aprende a no invitarlas a hacer lucha libre o subirse a un árbol alto, meterse en una cueva oscura o perseguir animales. Se aprende que son diferentes y menos propensas a experimentar la aventura peligrosa y que por lo tanto no hay que presionarlas para que compartan ese tipo de actividades.

Se descubre en ese proceso de identificarse cada vez más con el propio género que hay más de una razón para ser diferentes. Lo que subjetivamente le gusta a los niños, es casi siempre lo diametralmente opuesto a lo que le gustan a las niñas, y vice versa. Esta diferenciación se agudiza hasta el punto que se repelen los unos a los otros especialmente en la etapa anterior a la adolescencia.

La pubertad se presenta como una gigantesca marea donde el joven no encuentra cómo manejarse con confianza y habilidad en la relación que antes tenía controlada con las niñas. Ahora descubre que le comienzan a gustar de manera aguda y apremiante. Es el inicio de la etapa de auto-descubrimiento en función del otro que me atrae. Una realidad completamente nueva y diferente a la anterior que deja a los adolescentes prácticamente agotados por no entender a cabalidad que es lo que les está pasando y cómo su vida se va lentamente organizando y orientando en forma completamente diferente a lo que era antes. Un revelador paso de crecimiento en el cual el niño madura en adolescente-hombre orientado fuertemente a conseguir las metas con esfuerzo físico intenso, mientras que las adolescentes poco a poco se descubren en su feminidad reproductiva y pasan a ser madres potenciales. Hecho que se vuelve realidad en muchas culturas donde el casarse en la adolescencia y tener hijos desde muy temprano es visto como normal, y deseable.

Es en el análisis de estas diferencias entre culturas donde se descubre que la realidad social propia no es la única, ni necesariamente la mejor, o la más valedera, ni que la puedo imponer a otros, u obligar a alguien que acepte mi interpretación de esa realidad. Se descubre que en la dimensión de la realidad social hay una inmensa variedad de formas de hacer las cosas, de ver las diferentes etapas de la vida, de comer, de vestir, de hablar sobre el amor y la justicia, de arar la tierra, de aplicar la justicia, de valorar lo que es bueno y deseable. Todas estas son realidades detrás de la primera realidad social, la de descubrirnos viviendo en etnias específicas, en diferentes países, continentes, en diferentes culturas.

Esta nueva dimensión de la realidad social se vuelve más compleja a medida que vamos progresando en la vida y vamos asumiendo roles sociales cada vez más diversos, mas demandantes, mas creadores de nuevas realidades comunitarias, familiares y sociales que al principio no teníamos ni la más mínima idea de que existían.

La Auto-Consciencia, el Yo-intemporal (1)

Ahora que hemos establecido la modalidad de la Mente Existencial (conciencia de existir en el cuerpo, en el espacio-tiempo, y en la comunidad) podemos pasar al próximo nivel de la Consciencia que es el de la Auto-Consciencia

La Auto-Consciencia se da cuando me percato de otro nivel de existencia-ser y es el de caer en cuenta que me doy cuenta de que existo, de que pienso y que me pueda dar cuenta que me estoy dando cuenta de ese mismo acto de percibirme así. Esta es la Auto-Consciencia que me define como hombre, y que nos pone aparte de todo lo creado pues nos adentra en lo más íntimo de lo que somos, en la misma esencia de ser-pensante-autoconsciente.

Este acto de Auto-Consciencia tiene muchas implicaciones que debemos examinar. Lo primero es que me doy cuenta que yo soy quien soy, un ser-pensante que se puede dar cuenta, al mismo tiempo, que piensa y que Es-Existe. Este acto deviene en sí mismo un acto de identidad impresionante. No se puede separar el acto de ser consciente de que se-es-consciente de aquel que percibe y está presente en dicho acto de toma de consciencia. La misma individualidad que hace esto es la que, simultáneamente, es consciente de ser, de estar presente en la existencia y de estar consciente de su-acto-de-ser consciente. Esto le brinda una identidad única e inseparable que hace del individuo una unidad en su ser, una realidad única e irrepetible por otro. Cada uno hace este acto de consciencia por sí mismo. Nadie puede hacerlo ni experimentarlo por otro, como nadie puede experimentar ni vivir por otro el acto de nacer, el acto de morir. Son momentos únicos e irrepetibles que cada hombre/mujer debe hacer por sí mismo. En el momento en que lo hace este acto consciente de ser consciente, en ese momento se descubre en la dimensión del Yo-mismo consciente, del Yo-mismo pensante y sintiente.

De igual forma que se aprehende el acto de ser consciente, de esa misma manera se aprehende el ser consciente de que se es idéntico a sí mismo, y que la consciencia de ser y de saber que se sabe, le ofrece a cada hombre-mujer la posibilidad de ser uno-consigo-mismo, en una afirmación de SER uno e idéntico consigo mismo como ningún otro momento de la existencia consciente se lo ofrece.

Somos conscientes de que pensamos, que podemos darnos cuenta que somos pensantes y que podemos adicionalmente, no solo darnos cuenta de que nos damos cuenta de que somos pensantes, sino que tenemos la posibilidad de expresarlo a otros y asegurarnos que el otro entiende lo mismo que yo experimento en forma directa, es decir, que soy consciente de que soy consciente. Además uno puede darse cuenta que Existe, que Es, y que está presente en dichos pensamientos, en el mismo momento de hacer la afirmación vivida de que se es consciente de ser consciente.

En el acto de ser consciente que se es consciente nos encontramos en otra realidad, en otra dimensión interna, real e inmediata dentro del hombre, pero en el mismo nivel de existencia similar a las emociones, a los pensamientos y a los juicios morales y éticos. De nuevo, si abrimos un cerebro humano, lo diseccionamos, desenroscamos su maraña de neuronas no podemos "ver", ni decir he "ahí", en este lugar preciso se encuentra esa toma de conciencia, ese acto único e instantáneo en el cual, cada uno de nosotros puede "darse cuenta" de que se "da cuenta" de sus pensamientos.

Nueva paradoja de la realidad interna del hombre multidimensional. Estamos hablando de un nivel de existencia que no es espacio-temporal. Esta misma toma de conciencia se puede tener a los 12 años, a los 25 años, o a los 55 años. Lo que puede variar ligeramente es la intensidad con que se experimenta dicha consciencia, la claridad con que se es consciente de lo que abarca, de lo que significa el acto de auto-consciencia y de qué manera esta aprehensión da significado y dimensión a la existencia. Pero el mismo acto de auto-reflexión no varía en su esencia. Así la auto-consciencia se mantiene en la misma dimensión de inespacio temporalidad en la que se la tuvo la primera vez.

Lo más increíble de esta habilidad y realidad de ser uno-idéntico-consigo mismo es que este acto supremo de consciencia no está limitado ni por el espacio ni por el tiempo. Todo hombre puede ser consciente de este acto en cualquier momento de su existencia, aun en las circunstancias o espacios menos "apropiadas" tales como bañándose, en una conferencia gerencial, cenando con la novia, vistiéndose, jugando con el perro. Este acto de conciencia no requiere un tiempo preciso tampoco. La evocación de estar presente a sí mismo en el acto de ser consciente de que se es consciente puede presentarse en cualquier momento de la existencia consciente, a voluntad. No requiere de preámbulos especiales, no requiere de estados físicos internos propios como lo puede ser el tener hambre para desear comer, como tampoco depende dicho acto de ninguno estado mental o sicológico especial, porque puede darse a voluntad aun en un estado adverso sicológico o físico.

Toda esta minuciosa descripción y afirmación es para poder volver a poner de relieve cómo, dentro del hombre-mujer hay un nivel de realidad objetiva (pues la podemos constatar permanentemente como existente), que no tiene espacio-temporalidad pero que es tan real como la espacio-temporalidad del cuerpo en el que habitamos.

Este acto de auto-conciencia de ser, de existir en el acá y en el ahora, dentro de este determinado cuerpo y no en otro, como hombre o como mujer, en un determinado momento de la historia de la humanidad, en un país concreto, con un idioma propio, con una cultura de decenas, cientos o miles de años, es un momento único en la existencia de todo individuo. Es el instante dentro del cual se aprehende como el ser único e irrepetible que es, esa individualidad exclusiva de él, de ella, que no puede encontrarse duplicada, triplicada, producida en serie en ninguna parte de la Tierra.

Pero para llegar a ese momento hay un camino de reflexión anterior, que se hace en forma consciente o no, en forma deliberada o no. Es el camino del proceso del encuentro consigo mismo que suele ocurrir cuando se hace uno, o le hacen la pregunta clave que desata todo el proceso, y esta es: ¿Quién eres? ¿Quién soy yo?

Pregunta simple a primera vista, puesto que todos podemos responder en forma inmediata algo parecido a, "Yo soy Pedro Sánchez, vivo en Sevilla, tengo 35 años, casado con tres hijos. Trabajo en la planta ensambladora de carros y soy especialista en el circuito eléctrico de los últimos diez modelos de autos producidos por esta planta". Esta respuesta, completa en sí, da un retrato acabado de quién es la persona en lo que hace, en lo que tiene. Pero en ningún momento responde a la pregunta en el nivel más intimo, ¿quién es esa persona?

El Yo-consciente —el testigo silencioso y permanente

¿Quién soy yo?

Yo no soy el cúmulo de las actividades que llevo a cabo, no soy el producto de las circunstancias en las que vivo, yo no soy el trabajo que desempeño, ni el estado civil en que me encuentro. Cuando digo "mi carro", "mi trabajo", "mi casa" es claro que ese "mi" no es quien yo soy pues todas esa cosas que digo mías, que me pertenecen están ¡allá fuera¡ de mi. De igual manera cuando digo "mi corazón", "mi estómago", "mi hígado", "mis pulmones", "mis huesos" ninguno de esos órganos, aunque se encuentran dentro del cuerpo que me expresa, que me hace visible a otros, ninguno de esos órganos, ni el conjunto de todos ellos, me definen, ni expresan ¿" Quién soy Yo?". Si, son mis órganos, sin ellos no puedo vivir, pero sé intuitivamente, aunque no me lo formule explícitamente, Yo-soy más que la suma de todos mis órganos, más que todo lo que tengo. Todo lo dicho es para afirmar, para definir la distancia entre lo que hago, lo que tengo, el rol que juego en mi comunidad, y el Yo-íntimo que experimento dentro de mí, allá en el nicho de la consciencia.

Prosigamos con el ejercicio. Sentimos que *"tenemos"* un cuerpo? ¿O que *"somos"* un cuerpo?" Sorprendentemente la mayoría de las personas afirman que *"tienen un cuerpo"* de la manera como afirman que tienen un carro, una casa. En esa percepción el cuerpo no es tanto "yo" como es "mío"; pero, como hemos afirmado todo lo que es "mío" yace fuera de mi mismo, no es el *"yo-interno"* que no se define por lo que tiene. Toda posesión es externa, está fuera de mi yo-interno.

Si me pregunto, ¿"Quién soy?" ¿"Cual es mi Yo-real?" ¿"Cuál es mi identidad fundamental?" La respuesta espontánea e inmediata que fluye de mi es el decir "Yo soy el conjunto de mis sentimientos, de mis emociones, de mis pensamientos. Esos me definen. Esos constituyen quién soy yo".

Pero en el momento en que soy consciente de que tengo sentimientos, que vivo y experimento emociones, que creo pensamientos, en ese mismo momento *"mis sentimientos, mis emociones y mis pensamientos"* se convierten en *"algo"*, en *"un producto de mi raciocinio"*, y por lo tanto los mismos son *"algo"* que soy consciente de haberlos vivido, de haberlos experimentado. En ese momento de conciencia de los mismos, en ese mismo momento ellos no son yo, pues yo soy el *"que da testimonio de la existencia de los mismos"*. Al ser testigo de los mismos estos existen externos a la consciencia que tengo de ellos y por lo tanto no son el Yo-que-es-Testigo. Mientras los pensamientos *"floten en mi mente"*, los sentimientos *"floten en mi cuerpo"*, yo no soy ellos, ni me agoto en ellos pues soy el Testigo de la existencia de todos ellos.

Más aún, puedo dudar que los objetos de mis pensamientos existen, que los sentimientos que experimento existen, que las emociones existen, pero lo que no puedo dudar es que existe un Testigo en ese mismo momento de la duda porque para atestiguar que la duda está presente en mi es necesario que se dé la existencia del Testigo que atestigua la duda. En ese sentido yo no puedo ser los objetos que existen en la naturaleza, ni las sensaciones de mi cuerpo, ni los pensamientos de mi mente, porque Yo puedo ser el Testigo de la existencia y presencia de todos ellos.

Yo-no-soy-lo-observado. Esta es la habilidad de mi mente de ser consciente, de que yo, como un individuo que observa la realidad, no soy la realidad observada. Yo soy independiente de la realidad observada, para poder percibir que yo existo. Puede que necesite depender de una realidad objetiva para existir como hombre, tal como la comida, el agua, el descanso, pero ninguna de estas cosas determina el que yo sea consciente de que soy, de que existo.

Yo soy el observador. Esta es la habilidad de la conciencia de ser consciente, de que yo, como individuo, yo soy el que hace observaciones, reflexiones, deducciones, conclusiones, afirmaciones, de lo que es real, de lo que está 'allá, fuera de mí' teniendo vida propia independiente de la mía, pero absolutamente dependiente de mi afirmación de su existencia para que esta se vuelva real para mí.

No puedo observarme como un objeto fuera de mi mismo. Esta es la gran paradoja. No puedo salir fuera de mi interioridad para observarme, desde afuera, como el que observa. Si lo pudiera hacer dejaría de ser el observador y me convertiría en lo observado

Ahora puedo entender el razonamiento y el por qué puedo decir: Yo tengo un cuerpo, pero yo no soy mi cuerpo, Yo puedo ver y sentir mi cuerpo, pero lo que se puede ver y sentir no es el Que Ve. Mi cuerpo puede estar cansado o alerta, enfermo o saludable, pesado o liviano, pero eso no tiene nada que ver con mi Yo interno, íntimo, central. Yo tengo un cuerpo pero no soy mi cuerpo. Yo tengo deseos pero no soy los deseos. Puedo conocer esos deseos pero ese conocimiento no es el Conocedor que está presente mientras conoce. Los deseos flotan en mi consciencia presente pero ellos no afectan mi Yo interno que es Testigo de su presencia, pues aunque tengo deseos, no soy, ni agoto mi identidad en mis deseos.

Tengo emociones pero no soy mis emociones. Puedo sentir y darme cuenta de mis emociones. Soy el Yo testigo-que-las-siente. Las emociones pasan por mi yo, soy Testigo de las mismas, pero no soy mis emociones ni me agoto en ellas.

Yo tengo pensamientos, pero no soy mis pensamientos. Puedo conocer e intuir mis pensamientos, pero lo conocido no es el Testigo que

Conoce. Los pensamientos me llegan y los pensamientos salen de mi, pero no alteran mi Yo--que-conoce, pues no soy ni me agoto en mis pensamientos. (2)

Puedo ver las nubes a medida que flotan, se hacen presentes y se van con la suave brisa. Lo puedo hacer porque no soy las nubes, soy testigo de su presencia y existencia. Cada uno puede sentir las sensaciones de su cuerpo porque el Yo no es las sensaciones, es el testigo de su existencia dentro del cuerpo. Cada uno puede ver los pensamientos que flotan en la mente porque el Yo es testigo de los pensamientos, pero no es ni se agota en los pensamientos. Todas estas sensaciones, cosas y pensamientos aparecen sin esfuerzo por parte del Yo que las percibe. Simplemente aparecen en el campo de la consciencia, son observadas por el Yo-Testigo y se van.

Por lo tanto ¿Quién eres? No eres los objetos allá fuera, no eres las sensaciones, ni los pensamientos que sin esfuerzo testimonias existentes. Si puede decir, tengo sensaciones, pero no soy esas sensaciones; tengo pensamientos, pero no soy los pensamientos, entonces, ¿Quién soy?" La respuesta se encuentra en buscar la fuente de dicha consciencia, y esta se halla en el Testigo-silencioso-puro que es consciente de todo lo que está allá fuera, allí dentro, pero es claramente consciente que no es ninguno de esos objetos allá fuera, ninguno de esos sentimientos-emociones dentro de sí mismo, como tampoco es los pensamientos de los cuales puede ser testigo de su presencia. (3)

¿Qué permanece cuando tomamos consciencia de este momento de estar presente como el Yo-Testigo de todo lo que siento, pienso y experimento? Lo que queda es un centro puro de consciencia, un Testigo inamovible de todos estos pensamientos, emociones, sentimientos y deseos. El Testigo-silencioso simplemente observa la corriente de los eventos tanto internos como externos al cuerpo-mente en un estado inalterable de ser, de identidad absoluta como el Testigo que está presente mientras se da la producción de todos estos pensamientos, emociones y sensaciones siendo consciente de que no se identifica como el Yo-total en ninguno de ellos. Dicho en otras palabras, el individuo se da cuenta que su mente y su cuerpo pueden ser percibidos objetivamente y entonces, espontáneamente, cae en cuenta que ninguno de ellos puede constituir el verdadero y auténtico Yo-testigo, el Yo-idéntico-consigo-mismo. (4)

Este Yo-que-ve, este Yo-testigo de todos estos objetos se vivencia en Sí mismo como la total Inmensidad, la misma Libertad que está presente. El Testigo ve los objetos pero él no es visto por él mismo. El Testigo de ellos está radicalmente liberado de los objetos, es la suprema Libertad que no está inmersa en sus deseos, en sus miedos, en sus esperanzas. Es natural que nos identifiquemos con estos pequeños sujetos y objetos, y ahí es donde radica el problema. Identificamos al Que ve, al Testigo con las nimiedades que se pueden ver, lo que esclaviza, limita la libertad pues en ese momento se entra en la corriente del tiempo y queda atrapado en el torrente agonizante del mismo. Pero quien soy realmente es aquel que se encuentra en el estadio de puro Testigo que ni va ni viene como van y vienen las cosas en el tiempo y en el espacio. El Testigo-puro es como es, siempre-presente, sin variaciones. No es un objeto allá fuera, por lo tanto no entra en la corriente del tiempo, de espacio, de nacimiento ni de muerte. Todas ellas son experiencias, objetos – todos vienen y van. Pero el Yo no va ni viene. El Yo-testigo no entra en esa corriente; él está consciente de todo ello, lo que lo libera de estar enredado en todo eso. El Yo-testigo es consciente del espacio y del tiempo estando libre del espacio, libre del tiempo. Es intemporal, es inespacial; simplemente Es. (5)

A medida que se adentra en la pura Subjetividad, el Testigo-puro no se verá como un objeto porque no es un objeto. No es nada que se pueda ver. Mientras se está en este nivel de ser-consciente se experimenta una sensación de libertad, de liberación, de no estar atado a ninguno de los objetos que calmadamente son observados. No se ve nada en particular, se descansa en la inmensidad de esta Libertad. Se comienza a notar que el que Ve dentro de ti no es un objeto, nada a lo que puedas agarrar o aferrarte. Es más bien la sensación de una vasta Libertad porque en sí mismo no es nada que entra en el mundo objetivo de tiempo y objetos, de estrés o esfuerzo. Este Testigo-puro es el Vacio-puro en cual estos objetos aparecen, permanecen un poco de tiempo y se van.

Por lo tanto este Testigo-puro no es nada que se pueda ver. El intento de ver al Testigo o conocerlo como un objeto es simplemente el querer buscarlo y agarrarlo en el tiempo. El Testigo se manifiesta en la vasta extensión de la Libertad dentro de la cual emerge la corriente. Mientras se está presente como Testigo lo único que se experimenta es esta inmensa Libertad, la vasta Expansión, una luminosa apertura en donde emergen estos pequeños sujetos y objetos. Esos sujetos y objetos definitivamente se pueden ver, pero el Testigo de ellos no se puede ver. El Testigo de ellos es la radical liberación de ellos, una completa Libertad que no está presa en el torbellino de los deseos, de las emociones, de los miedos, de las esperanzas. (6)

La gran tentación que todos tenemos es la de pensar que cuando se es el Testigo se va a sentir algo especial, se va a ver de una manera nueva. Pero si se siente algo, si se ve algo eso es simplemente otro objeto, otra sensación, otro pensamiento. Todos estos son objetos, todos ellos son lo que tú no eres. Lo que se experimenta es pura Libertad, completa Liberación de identificarse con cualquiera de esos objetos, emociones, o pensamientos como si uno de ellos, o todos ellos fueran el Yo-Testigo. Ser el Yo-testigo es estar en la indiferencia de lo que aparezca en el horizonte de la consciencia. Se es Testigo de las nubes que pasan en el cielo, las sensaciones que aparecen dentro del cuerpo, los pensamientos que van y vienen en la mente. Todos ellos, sin esfuerzo, hacen su entrada en el campo de la consciencia del Yo-Testigo. Este estado de consciencia que es testigo no es nada específico que se ve sino el ser-Libertad, Vacío puro dentro del cual se manifiestan todas las pequeñas cosas que aparecen. En este momento las nubes, el cielo, las emociones todas ellas se funden en el Yo-consciente a tal punto que la separación es experimentada como el Yo-adentro, las cosas-afuera, el Yo-dentro y las emociones-pensamientos adentro pero separadas del Yo-consciente dejan de tener esa dualidad, se funden en la misma realidad del Yo-presente-testigo. Este es el estado de ser en el cual la dualidad desaparece para dar paso a la Unidad de todo lo que es. (7)

El Yo-Testigo existe en la inespacio-temporalidad

Por lo tanto cuando se está como el Testigo-puro, se es invisible. No se puede ver porque no se es un objeto. El cuerpo se puede ver, la naturaleza se puede ver, los objetos se pueden ver, pero el

Yo-testigo-puro no es ninguno de esos objetos. El Yo de ese estado es consciencia pura, el Yo es la fuente misma de dicha consciencia y no es ninguna de las cosas que aparecen en dicho campo de la consciencia.

Las cosas aparecen en la consciencia, se quedan un momento y se van; vienen y se van. Ellas aparecen en el espacio, se mueven en el tiempo. Pero el Yo-Testigo-puro ni va ni viene. No aparece en el espacio, no se mueve en el tiempo. Es como es; está siempre presente y sin variar. No es un objeto allá fuera, por lo tanto no entra en la corriente del tiempo ni del espacio. Todas esas son experiencias, objetos que van y vienen. Pero el Yo-testigo ni va ni viene; es consciente de todo ello sin estar involucrado en todo ello. El Testigo es consciente del tiempo, consciente del espacio pero es y existe en la inespacio-temporalidad.

Soy consciente que mi consciencia no está constreñida ni por el tiempo ni por el espacio. "Yo-soy" en el mismo acto de ser consciente de ello, y esto no requiere ni tiempo ni espacio. Se da en una perfecta simbiosis entre ser y existir, entre estar consciente de la existencia y la identidad de quien soy, sin la interferencia del tiempo ni del espacio.

Soy consciente de que hay una dimensión sin tiempo ni espacio que me la brinda la experiencia arriba descrita y que dicha dimensión está presente dentro de mí, en mi consciencia. En la medida que es verdad y que está presente en mi consciencia, en esa medida soy consciente de que esta dimensión es real, que no es una simple creación de mi imaginación, sino una experiencia directa de su existencia. La dimensión de no-espacio, no-tiempo es una realidad que la experimento primero y que después expreso como un postulado.

Esta unidad de la auto-consciencia que es virtualmente una unidad inespacio-temporal dentro del hombre-mujer, pero real, también se la conoce con el nombre más específico de Espíritu, de Alma. Estas dos palabras le añaden una connotación religiosa que no queremos en este momento tocar porque no es lo que estamos tratando de definir, sino dejar en claro que el principio de inespacio-temporalidad de la consciencia existe, es real, a pesar de que tiene como sustrato el cerebro como la base física que le permite llevar a cabo sus operaciones mentales, su toma y apropiación de la consciencia.

Conclusión Parcial

Toda esta minuciosa descripción y afirmación es para poner de relieve cómo, dentro del hombre-mujer hay un nivel de realidad objetiva (pues la podemos constatar permanentemente como existente) que no está restringida por la espacio-temporalidad pero que es tan real como la espacio-temporalidad del cuerpo en el que habitamos. Este estadio del Testigo presente a sí mismo, como Testigo-silencioso, está entroncado en la dimensión del Espíritu que veremos en el próximo capítulo.

Referencias

Capítulo 9

1) Deepak Chopra - *Quantum Healing,* pg.157-169]
2) Ken Wilber. *No Boundary,* 546-547
3) Ken Wilber. *One Taste,* pg. 358-360
4) Ken Wilber. *Psychologia Perennis,* pg. 19
5) Ken Wilber. *A Brief History of Everything,* pg. 252-255
6) Idem
7) Ken Wilber. *One Taste,* pg. 358-360

Capítulo 10

La Realidad del Espíritu

Introducción

En el capítulo 7 presentamos el nivel de realidad de la Mente Espiritual cuya base en el cerebro son los lóbulos temporales dentro de los cuales están la amígdala y el hipocampo. Cuando las neuronas de estos son activadas se da una manifestación que llamamos espiritual por sus características propias, claramente diferenciadas de las otras funciones y manifestaciones de la Mente. Sin embargo en ese momento no entramos en detalle en qué consisten las funciones propiamente dichas de la Mente Espiritual porque su esencia y particular función caben en este capítulo en forma natural pues el tema del Espíritu requiere como requisito que se pueda dar en efecto la presencia y la función de una Mente Espiritual. Su esencia es la capacidad para indagar sobre la Trascendencia porque ella, en sí misma, es una realidad trascendente en cuanto existe y se manifiesta más allá de la espacio-temporalidad, que es la que define los limites naturales de todo lo que es temporal.

Comencemos la indagación por un punto de partida de aquello que le es típico y propio de la Mente Espiritual: su capacidad, su función de hacer preguntas relacionadas con la dimensión de la Trascendencia, el sentido de la Existencia, la posibilidad de comunicación con un Ser superior.

¿Cuáles son dichas preguntas?

Preguntas que indaga la Mente Espiritual

Base Existencial

Busquemos un punto de partida que no requiera de mayores pruebas, que sea evidente por sí mismo como fue el constatar ese increíble momento de autoconciencia de Existir que vimos en el capítulo 8. Este conocimiento es directo, intuitivo, inmediato. No necesita de pruebas ni de silogismos. Nos percibimos Vivos y en la Existencia. Pero a esta constatación intuitiva y directa hay otra inmediata que nace de esta autoconciencia de Ser, y es la de que Yo soy consciente que no soy el creador de mi propio ser. Soy absolutamente consciente de que **yo no me di la existencia a mí mismo**. Tampoco la pedí. Se me fue dada gratuitamente porque soy consciente de que yo no pude haber hecho merito alguno para ganármela pues no existía antes de iniciar mi devenir en esta espacio-temporalidad. Tampoco tengo el más mínimo vestigio de recuerdo o de consciencia de que yo me haya pensado y que entonces haya aparecido mágicamente, espontáneamente en la espacio-temporalidad de mi propio existir. La Existencia me fue dada, como lo explica la biología, como resultado de un esforzado espermatozoide que llegó primero a un óvulo ganándole la carrera a millones de otros espermatozoides y que logró introducirse dentro dicho óvulo y lo fertilizó iniciando una cadena de divisiones celulares que finalmente hicieron el cuerpo, el cerebro, y todos los órganos internos que necesité tener listos cuando nací y que después se desarrollaron para convertirse en la base biológica, psicológica, mental y pensante de la individualidad que soy ahora.

Mi existencia me la dieron mi padre y mi madre como ha sido necesaria la presencia de un hombre y una mujer que se aparean para la creación de cada hombre y mujer que han pasado por la historia de la Humanidad. Esto hecho constatable por la experiencia y la ciencia no responde a la pregunta por el primer hombre y la primera mujer. En una progresión regresiva se requiere que el primer hombre y la primera mujer fueran creados 'desde afuera', sea por unas leyes de evolución interna en la especie que dio origen al primer hombre y mujer, sea porque haya habido una intervención directa y extraordinaria de un Creador-diseñador.

En cualquiera de los dos escenarios, la intervención vino de afuera, no fue producida por el primer hombre y la primera mujer que no se dieron a sí mismos la Existencia, sino que fueron creados y a partir de ese momento siguieron apareciendo todos los que de ellos nacieron. Si yo no me doy a mi mismo mi Existencia, si ninguno de los que me precedieron se dieron a sí mismos la Existencia, si el primer hombre y mujer no se dieron a sí mismos la Existencia, entonces esta debe ser atribuible a una Fuente de Vida que es el Existir en Si mismo como esencia de Quien Es. Esta fuente de Existencia, de Vida de todo lo que puedo constatar como existente y vivo, tiene que tener un Atributo de organización grandiosa, pues lo que hemos descubierto en las funciones que desempeñan el cuerpo y el cerebro es que estos poseen una complejidad que no puede ser el resultado de las fuerzas sin guía ni diseño del azar, sino por el contrario el producto de una Mente Organizadora de increíble poder.

Las diferentes realidades que hemos presentado, tan extraordinariamente organizadas requiere; no, exige una Mente suprema de organización, que no es posible que la tenga un ente espacio-temporal pues la Existencia de todo lo que vemos y constatamos ha estado presente desde que ha habido vida en la Tierra (varios millones de años) y ningún ente terrenal ha tenido semejante duración temporal. Es pues necesario estipular que la Creación que constatamos científicamente (los objetos allá fuera de nosotros) y la que vivimos experiencialmente (consciencia existencial, autoconciencia del yo-pensante) no son ni han sido el producto creado por nuestra mente limitada, por su constreñida existencia espacio-temporal. La Creación tiene que tener una base, un origen y una fuente que trascienda el espacio y el tiempo, que tenga una capacidad de conocimiento infinito para poder organizar el Universo, la Tierra y la vida en ella con la maestría, coordinación, y complejidad que constatamos que se da en todo lo que vemos y estudiamos. Este principio organizador y creador la Mente Espiritual lo deduce y afirma como real y existente y le da el nombre de Creador.

La Mente Espiritual intuye, al igual que la Mente Existencial lo hace con respecto de la conciencia de Existir, de Ser, que hay una dimensión de Existencia que va más allá de la espacio-temporalidad en que nos vemos circunscritos diariamente. Esta intuición de Trascendencia no es gratuita; va acompañada por un esfuerzo reflexivo. Es el producto de preguntas que se hace el hombre a través de la función específica de la Mente Espiritual. Las preguntas son válidas porque son de sentido, y nosotros somos las criaturas que por excelencia damos, creamos e impartimos sentido a todo lo que nos ocurre, a toda experiencia que vivimos, a toda emoción profundamente sentida, a todo evento inesperado que nos sacude hasta la raíz del ser.

El problema inmediato que la Mente Espiritual tiene es que la dimensión de la Trascendencia es mucho menos tangible, menos constatable que las otras con las cuales solemos tener contacto y familiaridad como la que tenemos con la realidad de las cosas físicas que vemos, tocamos, sentimos, olemos y gustamos. Lo mismo se puede decir de las emociones y juicios valorativos interiores que sentimos y hacemos todos los días que, aunque físicamente no los veamos como los objetos, los verificamos diariamente existentes dentro de nosotros. En cambio la realidad de la Trascendencia con la cual se puede relacionar la Mente Espiritual no la conocemos a fondo, no solemos estar conscientes de ella ni la experimentamos a diario o constantemente.

Cabe entonces preguntar, ¿de qué manera solemos entablar contacto con esa dimensión de la Trascendencia que es captable por la Mente Espiritual? Básicamente nos ponemos en contacto con esa realidad intangible a los sentidos a través de las preguntas existenciales por excelencia que nos podemos formular tales como:

¿Todo lo que existe con su complejidad y organización, es el producto de la evolución o es más bien el resultado de una Mente Organizadora suprema?

¿Por qué estoy vivo? ¿Cuál es el sentido de mi vida y cuál es su objetivo?

¿Tiene mi existencia alguna razón de ser satisfactoria o soy el producto del azar de la unión de un espermatozoide con un ovulo?

¿Hay un Ser-Creador? ¿Cómo se relaciona conmigo? ¿Cuál es mi relación con Él?

¿Puedo conocerlo? ¿Qué importancia tiene para mi existencia que Él sea real? ¿Cambia el sentido de mi vida si Él es real y de hecho me puedo comunicar con El o Él se comunica conmigo?

¿Qué hay más allá de la muerte?

¿Termina mi Existencia con la llegada de ese momento o es apenas un paso de transición?

Estas preguntas obligan a la mente reflexiva espiritual a indagar, a buscar, a inquirir para encontrar respuestas satisfactorias que no solo le ofrezcan razonamientos sólidos sino que también le brinden una seguridad de haber encontrado verdades que calmen esa sed por esa dimensión que no se puede atrapar con las misma facilidad con que se puede aprehender los conceptos, ideas y pensamientos sobre los otros niveles de realidad en que se mueve la mente.

¿Dónde buscar las respuestas?

No es preguntando por las respuestas fuera de la Mente, como una realidad objetiva física, pues esa no es su dimensión de realidad. Al llamarla Trascendencia precisamente estamos aduciendo a una realidad que va mas allá de lo presente, inmediato, visible y tangible. Es necesario encontrar las respuestas dentro de nosotros mismos porque es allí donde se formulan las preguntas de sentido y es allí donde se encuentran sus respuestas, en la interioridad, en la intimidad de nuestro pensar, de nuestro reflexionar, de nuestro estar conscientes. Es dentro de nosotros donde encontramos nuestra Mente y Auto-consciencia sin las restricciones, las limitaciones de la espacio-temporalidad.

Una vez esclarecido el punto de partida de la Mente Espiritual -- la conciencia de que yo mismo no me he dado la Existencia, que esta se me ha otorgado gratuitamente, pues ni la pedí ni la deseé antes de recibirla, implica que esta Existencia me fue dada por un principio Organizador de tal potencia que tiene que ser el Autor de todo lo que Es. De lo contrario nada de lo que existe podría existir, ni podría ser el simple resultado de una evolución sin guía y propósito pues de hecho lo que constatamos es que todo lo que Existe tiene un nivel de organización que va miles de veces más allá de ser el producto del azar (o de la necesidad). Es, pues, válido para la Mente Espiritual el tener como punto de partida que debe haber un Ente-Organizador, un Ente-Creador capaz de darle Existencia a todo lo que Es, pues ciertamente ningún hombre, en su estado de limitación, puede ni tiene el poder para llegar a otorgar Existencia a todo lo que Es.

Bajo esa óptica, las otras preguntas existenciales apuntan a la posibilidad de existencia de esa otra realidad, la de la Trascendencia. Comencemos por las preguntas más inmediatas que se hace la Mente Espiritual:

¿Por qué estoy vivo?

¿Cuál es el sentido de mi vida y cuál es su objetivo?

¿Tiene mi existencia alguna razón de ser satisfactoria o soy el producto del azar de la unión de un espermatozoide con un óvulo?

La respuesta a estas preguntas le permite al individuo ubicarse en el Gran Plan de la Vida, de la Existencia. Cualesquiera que sea la respuesta que encuentre, ella le dará el norte, la guía de cómo ha de vivir la Vida con sentido, con objetivo, con meta, con intención, con propósito. Lo que sí se puede adelantar es que si la respuesta no tiene un horizonte más allá del simple vivir en la espacio-temporalidad del acá y el ahora del tiempo que cada uno ha de experimentar (50-80 años promedio), entonces la vida que se viva en el acá y en el ahora estará constreñida por ese horizonte de temporalidad. No habrá nada más por lo cual aspirar o luchar o esforzarse pues si el sentido del vivir es apenas experimentar ese promedio de vida que le toca vivir y después no hay nada más, no hay otra meta por proseguir, no hay continuidad de Existencia, no hay dimensión de crecimiento; entonces, esta persona sí tiene razón en existir con la ansiedad de querer experimentarlo todo ahora, vivir todas las experiencias posibles que este corto espacio de tiempo de vida terrenal le permita porque después no hay nada, pues será el vacío infinito del no-sentido de la no-existencia.

Esta reflexión desemboca con naturalidad en las siguientes preguntas: ¿Qué hay más allá de la muerte?

¿Termina mi Existencia con la llegada de ese momento o es apenas un paso de transición?

De nuevo, la Mente Espiritual tiene que luchar por encontrar una respuesta a este interrogante porque dependiendo de cuál sea la respuesta así definirá la relación posible o no con la Trascendencia. Para intentar una respuesta satisfactoria comencemos con algunas reflexiones sobre la experiencia inmediata que tenemos de la realidad espacio-temporal existencial y después sobre el fenómeno de la muerte y cómo nuestra percepción de ella determina en gran parte la respuesta que tenga sentido.

Vivencia de la espacio-temporalidad

Iniciemos la reflexión con la constatación de una realidad radical de nuestra vida: somos hombres-mujeres limitados constantemente por nuestra vivencia de la espacio-temporalidad. Esta limitación es quizá tan inmediatamente aprehensible como lo es la identidad única de nuestra auto-consciencia. Desde que nacemos hasta que finalmente damos el último suspiro lo hacemos en la dimensión permanente de la espacio-temporalidad como una de las expresiones más constantes de ser hombres-mujeres. Estamos radicalmente inmersos y determinados por el tiempo y por el espacio para vivir, para expresarnos, para manifestarnos como seres conscientes-pensantes.

Lo estamos de tal forma, que no es posible concebir a un hombre-mujer que pueda expresarse fuera de la espacio-temporalidad. El tiempo y el espacio son tan esenciales para el hombre-mujer como lo es el aire que respira para seguir viviendo. La espacio-temporalidad es la dimensión más radical de su realidad histórica, pues es imposible existir en el plano de la vida terrenal sin estar inmersos completamente en dicha dimensión espacio-temporal. Requerimos del espacio para estar presentes en la temporalidad pues es dentro de un cuerpo que ocupa espacio y que permanece en el tiempo en el que el hombre-mujer se manifiestan. La forma pues, de simplemente Ser-Existir se da y se manifiesta en la espacio-temporalidad.

Nuestro lenguaje diario lo confirma: "Tengo diez minutos para alistarme. No se te ocurra llegar después de las once de la noche. ¿Qué vas a hacer mañana? ¿Cuánto tiempo tenemos para hacer el examen? Mira la hora que es y aún no llega. La cualidad de una persona respetuosa del tiempo de los demás es llegar a la hora que lo citaron. No me digas que te vas a poner a escribir ahora cuando solo nos quedan dos minutos para salir. ¿Quién dijo que no llegaríamos el día previsto según el programa? ¿Por qué crees que te digo que no hay tiempo suficiente para terminar esa tarea que nos dieron? Pon atención a lo que te digo, el bebé tiene que recibir su tetero cada tres horas. ¿No crees que ya lo hicimos esperar a ese pobre lo suficiente? Dame una buena razón para creerte el por qué no te presentaste ayer y me dejaste vestida para la comida? No creas que vas a subir esa montaña sin el equipo necesario. Nadie puede saltar al vacío sin protección sin que se quiebre un hueso al caer al suelo. Apúrense que vamos a llegar tarde a la cena y no vamos a encontrar comida. ¿Cuántos kilómetros más tenemos que caminar antes de llegar? ¿No ves todo lo que nos falta nadar antes de llegar al bote? Esta haciendo frio, por favor me traes el saco que está en la sala de la casa. Lo que pesan estas maletas y todo lo que falta por llegar a la estación del tren. Mira el bebé, ya comenzó a caminar; ahora no tendré que cargarlo a donde quiera que vaya. Corrió los doscientos metros en tiempo record. Nada puede ir más rápido que la velocidad de la luz".

Esta radical experiencia de Ser y Existir dentro de la espacio-temporalidad nos lleva a connaturalizarnos tanto con el concepto, la idea y la vivencia de que ésta es nuestra Vida, que a muchos les queda muy difícil pensar en otra realidad después de la muerte, pues para ellos la Vida es ésta, la de la espacio-temporalidad donde existen y se expresan diariamente.

Pero, como hemos visto, la primera percepción, la primera comprensión, la primera visualización de lo que afirmamos ser la realidad, nos ha demostrado, como lo hemos visto una y otra vez a lo largo de estas páginas, que esa primera comprensión y visión de la realidad objetiva es apenas el primer nivel de otras realidades internas que se dan en todo objeto y sujeto. No menos diferente ocurre cuando percibimos en un primer momento que nuestra primordial realidad es la de la espacio-temporalidad, pues como acabamos de ver es la experiencia primaria de Ser y Existir.

Al hacer la indagación sobre nuestro cerebro y cómo funciona y al constatar la realidad de la mente en todas sus manifestaciones, culminando con la Auto-consciencia nos dimos cuenta muy rápidamente que la espacio-temporalidad, por más radical y abarcadora que sea su experiencia diaria, no es siquiera la más importante dimensión de nuestra realidad humana, pues el Yo-interno, el Yo-testigo (el invisible, el no-tangible como objeto) es el que verdaderamente permite al individuo expresarse, manifestarse como humano, con toda su grandeza y con toda su miseria, con toda su capacidad creativa, así como su capacidad destructiva. Y descubrimos además que en ese maravilloso proceso mental y síquico se da un nivel de existencia interna en donde el hombre se percibe consciente e idéntico consigo mismo formando una unidad única e irrepetible de su auto-consciencia de ser. Y descubrimos que esta se da y se manifiesta en la inespacio-temporalidad. Veamos las implicaciones de esta realidad y a dónde apuntan.

La experiencia de la muerte

De igual manera que nos experimentamos inmersos en la espacio-temporalidad como la realidad inmediata de existir, así mismo experimentamos directa o indirectamente que un desconocido, un amigo, o un familiar muere en alguna parte del mundo, en cualquier momento, todos los días. Aunque deseemos desvincularnos del supremo momento que define nuestra mortalidad, ella está ahí presente, como nube negra esperando el momento propicio para 'tragarnos' en su manto de oscuridad.

Frente a ese hecho ineludible de que algún día tendremos que enfrentarnos al momento de la muerte, la Mente Espiritual nos pide que asumamos alguna postura existencial que le dé sentido y perspectiva a este momento de critica transición, pues dependiendo de cómo lo veamos así será nuestra perspectiva existencial sobre la verdad o no de una realidad más allá de la muerte.

Examinemos en detalle un punto de partida de cómo percibir la muerte. Lo que llamamos una criatura viviente es, en realidad, un compuesto de vida y 'muerte' porque cualquier planta animal o persona se encuentran en el ciclo constante de reciclaje de los elementos constituyentes que le dan vida. Todo ser viviente nace, crece y cambia de estado de existencia porque está inmerso en el ciclo de la vida y en el reciclaje de todo lo que está vivo. El que nuestra mente detenga el ciclo diciendo, "el árbol está muerto, el perro murió" es una forma de reflexionar inmediata de nuestra mente ante la realidad inerte del objeto o su estado de descomposición. En ese momento calificamos a la separación de los componentes vitales como 'término, aniquilamiento, muerte' en vez de afirmar que es apenas un paso del Ciclo de Vida. Cuando hacemos esa afirmación permitimos que el miedo de lo desconocido se apodere de nuestra mente y nos haga sentir que, en efecto, la separación de los elementos es 'muerte'. Al entenderlo, contemplarlo, y vivirlo como un paso del ciclo de la Vida deja de tener ese aspecto tenebroso, ese sentido de finalidad, de término, de aniquilación. (1)

Cuando esta realidad de reciclaje de la Vida se le aplica a la realidad de la transición que hacemos de un estado de espacio-temporalidad a un estado de no espacio-temporalidad, entonces la dimensión de tragedia, de término, de aniquilamiento se desvanece porque lo que entra en el campo de la conciencia, de la Mente Espiritual, es que la 'muerte' no es un punto de término, no es un momento de aniquilación y descomposición sino más bien es un paso de transición en el Ciclo de la Vida que no cesa ni termina con dicho paso que llamamos 'muerte' aunque la vivimos en tantas formas trágicas, sean estas expresadas artísticamente o en rituales funerales.

Algunas ya son clásicas: el mural de Picasso, el Guernica, expresa con vívidas imágenes los horrores de la guerra; Goya logró atrapar en su óleo, Los Fusilamientos del 3 de Mayo en Madrid, la pérdida total de control sobre la muerte infligida por otros; el mismo Goya plasmó una escena de aborrecible horror en su cuadro del mitológico dios Cronos comiéndose a uno de sus hijos recién nacido; tenemos el cuadro patético de Brugel, el Triunfo de la Muerte, en que ella es reina en su festín final. En otro medio artístico, Shakespeare inmortalizó en su pieza teatral de Romeo y Julieta la muerte de dos enamorados que no pudieron darle Vida a su apasionado amor. Y en forma pétrea quedó plasmada la patética realidad de la muerte, en la estatua en mármol que esculpió Jaume Barba, El beso de muerte., que se encuentra en el cementerio del Poble Nou de Barcelona. La estatua representa la muerte, personificada en la figura de un esqueleto alado, que se lleva a un joven hacia su reino de desesperanza por medio de un beso.

Todos estos medios artísticos nos han dejado plasmados algunos de los muchos aspectos temidos de la muerte: la separación, el término, el final, la rabia, el desconsuelo, la angustia, la impotencia para pararla, para evitarla, para evadirla.

Frente a esa ineludible realidad y momento supremo de la vida espacio-temporal, la Mente Espiritual se pregunta si hay algún indicio interior que le pueda dar la paz y la seguridad de que el temido momento de transición de la 'muerte' es un paso de transición y no de término trágico. Y al preguntarse si existe algún indicio de esta realidad de transición se abre la puerta de la investigación interior para buscar dentro de sí mismo algún indicio que le asegure que dicha transición es un paso de transición, un paso de transformación y no un trágico e irremediable momento de disolución.

Busquemos pues, dentro de nosotros mismos a ver si encontramos ese indicador que nos de alguna pista de cómo enfrentar el paso de la transición con algún grado de certeza de que se continúa la Existencia en otro plano, en otra dimensión evolutiva.

La inespacio-temporalidad no muere

Frente a esa indiscutible realidad de la Muerte hay dos opciones. La primera es la de afirmar que la Muerte es, en efecto, el final de la existencia temporal y que después no hay nada más, pues esta es la totalidad de la realidad humana: nacer, crecer, madurar, envejecer y morir. Es el ciclo de la Vida y todo lo que se disocia, se disuelve,' muere' en el estadio de existencia en el que estaba.

La segunda opción es la de poner atención a la intuición que me dice que la muerte no es el fin, que hay continuidad de existencia en el 'otro lado', 'en la otra dimensión'. Esta intuición nace 'instintivamente' en la Mente Espiritual como una sed interior de inmortalidad, como un sentirse atraído en la intimidad del Ser por un polo de Vida que rehúsa el aceptar que la espacio-temporalidad de mi existencia es la totalidad de la misma. Esta sed de inmortalidad ha sido expresada por generaciones de generaciones anteriores que han dejado esplendorosos testimonios de dichas creencias en monumentales tumbas como las pirámides de los faraones en Egipto o las simples guacas indo-americanas dentro de la cuales el difunto era colocado con todo aquello que creían los antiguos que necesitaría para hacer el viaje a la otra vida: sus instrumentos de guerra y subsistencia, alimento, animales, ropa, y en el caso de los monarcas, los enterraban con los sirvientes para que estos continuaran su labor de esclavos del amo en ese otro reino. Hay culturas antiguas y modernas que despiden a su difuntos con música, cánticos y danza como lo hacen los áfrico-americanos de New Orleans en EE.UU y muchas tribus en África.

La creencia de que nuestros difuntos están aún vivos la seguimos expresando hoy día con el culto que le brindamos a los muertos el 2° de Noviembre llevando alimentos a sus tumbas, prendiendo velas, entonando cantos e himnos, diciendo plegarias por su bienestar. Seguimos hoy día enterrando a nuestros muertos con trajes nuevos, o recién lavados, y en los casos de las sociedades ricas los embalsaman con tal refinamiento tecnológico que quedan con semblantes más sanos y bellos que cuando estaban vivos. Los más ricos han buscado esa inmortalidad corporal en esta dimensión pagando para que sus cuerpos queden en estado de animación suspendida esperando el momento en que la ciencia pueda volverlos a la vida e inyectarlos con la medicina que les cure la enfermedad que los aquejó. Esta es apenas la forma refinada y moderna de la búsqueda del elixir de la inmortalidad que tantas fabulas, historias y mitos creó a lo largo del devenir histórico del hombre. Recordemos la búsqueda afanosa de Ponce de León por la Fuente de la Juventud supuestamente ubicada en la Florida donde fue a buscarla en dos viajes, uno en 1513 y el otro en 1521. (2)

Otras culturas que dieron mitos similares fueron la Japonesa con Tezuka Osamu quien creó la creencia de la inmortalidad con la sangre del Fénix que después aparece representado en el arte egipcio, griego, hindú, y chino en las antiguas civilizaciones y volvió a aparecer como símbolo de resurrección en los escritos medievales cristianos. (3)

En tiempos más modernos, Oscar Wilde (1890) creó el personaje literario de Dorian Gray, un joven de una belleza extraordinaria quien, persuadido por Lord Henry de que el disfrute de la vida en todas sus formas posibles era el objetivo y finalidad de la vida, opta por esa forma de vivirla. Un artista que le admiraba, Basil Hallward, le hace un retrato capturando tan bien esa belleza que Dorian termina enamorándose de ella y vende su alma con tal de no morir. Su deseo se le cumple y el cuadro es quien envejece con cada desmán cometido por Dorian, mientras él mantiene su juventud y no envejece ni muere mientras su retrato permanezca protegido de daño alguno. (4)

En contraposición ha habido también mitos y leyendas de mortales que adquieren la inmortalidad y esta se les convierte en una maldición como el caso de la leyenda japonesa, *la Espada del Inmortal*, en la que Manji, un samurái ha sido maldecido con el regalo de la inmortalidad. Solo hasta cuando haya matado a mil *hombres malos* la maldición puede ser rota y finalmente puede descansar y morir. En otra leyenda creada por la ópera de Wagner, *el Holandés que Vuela*, el capitán de un barco es condenado con la inmortalidad cuando intenta navegar alrededor del Cabo de la Buena Esperanza durante una tormenta. Su inmortalidad se convierte en maldición porque tiene que seguir repitiendo ese viaje para siempre. (5) En la mitología griega, Hércules, renuncia a la inmortalidad para no convertirse en uno más de los dioses del Olimpo que él llega a rechazar porque manipulan malévolamente los destinos de los mortales.

En los tiempos modernos, otro de las grandes mitos de inmortalidad maldecida son los vampiros que no mueren siempre y cuando permanezcan amparados en la oscuridad de la noche (la luz del Sol los destruye) y beban la sangre fresca de sus víctimas. Su inmortalidad es temporal porque pueden ser aniquilados con una bala de plata o con una estaca de madera bendecida clavada en su corazón. Su inmortalidad verdaderamente es una forma de existencia prolongada en la oscuridad, en las tinieblas, en el vacío del contacto normal con otras personas. Películas como *Blade y Twighlight* son muy buenas expresiones de esta inmortalidad maldecida

Es claro, pues, el esfuerzo que la Humanidad ha hecho por rescatar la inmortalidad como uno de los deseos más fuertes y más constantes de su devenir evolutivo. Esta 'sed de inmortalidad' ha sido permanente desde los tiempos más remotos y sigue presente hoy en día como una forma de manejar el temor de la muerte, así como una imperiosa necesidad de verse ligado a la Trascendencia que la Mente Espiritual puede intuir y expresar.

Pero poniendo en paréntesis los mitos y leyendas, las creencias antiguas sobre la vida después de la muerte, ¿hay alguna manera de descubrir dentro de nosotros mismos una realidad que insinúe características típicas de una posible vida después de la muerte, de una posible forma de inmortalidad?

Principio de inespacio-temporalidad

Lo que hemos ganado en las reflexiones que hemos hecho sobre los diferentes tipo de expresión de realidad que tiene nuestra mente es que la realidad de todo lo que Es, a primera vista, es apenas el exterior de la misma.

La ciencia me descubre que en todos los objetos no-vivos y en todos los entes vivos se dan varios niveles de realidad. Esos niveles de realidad se replican en mis órganos y en mi Mente. A nivel de la Mente dos funciones primordiales apoyan la intuición de que la muerte no es el fin. La Auto-consciencia del Yo-testigo y la capacidad espiritual del percibirme creado por una Super-Mente organizativa con poder de dar la Vida. Esta Entidad-Ser-Creador no puede estar constreñida por la espacio-temporalidad porque ésta es la condición primaria de ser creatura creada. El Creador de todo lo que Es, no puede por ende estar constreñido por la espacio-temporalidad.

La Mente Espiritual y la Auto-consciencia se descubren a sí mismas existiendo en una dimensión de inespacio-temporalidad, aunque se manifiestan en y a través de la espacio-temporalidad corporal. La ciencia nos ha dado una pista de que esta realidad de la inespacio-temporalidad es constatable teóricamente y en la práctica, como lo hemos visto en los capítulos anteriores, pero que es necesario recordarlo ahora. La energía tiene un nivel de existencia que está dentro de la inespacio-temporalidad. La han llamado el nivel cuántico, en el que un quantum de energía (unidad mínima de energía) existe en una dimensión donde las leyes de la espacio-temporalidad no se le aplican. En este nivel de existencia la espacio-temporalidad se suspende, se vuelve idéntica a la realidad cuántica y se anulan sus propiedades para entrar en la dimensión de la inespacio-temporalidad no menos real, no menos "objetiva" pues Es, pero sin poderle aplicar las categorías de la espacio-temporalidad.

La física moderna ha ubicado en esta dimensión el inicio del Universo, o sea a partir de un momento-sin-tiempo y una espacialidad-sin-espacio. Es el tan mencionado 'Big Bang'. Para una realidad tan nueva y contradictoria han tenido que inventar una palabra para referirse a dicho estado de existencia inespacio-temporal, "la singularidad". En dicha singularidad ni el espacio ni el tiempo tienen características de espacio-temporalidad. Existen, son, pero sin dimensión de espacio-temporalidad, porque su realidad de existencia es la dimensión de la virtualidad, o sea la Potencialidad de Ser. De ese estado de singularidad "nace y aparece" la energía y se manifiesta en la espacio-temporalidad.

Aparentemente la singularidad no está restringida a una sola manifestación espacio-temporal de un momento singular como lo fue el "Big Bang" porque, según los nuevos descubrimientos de la física nuclear, los electrones, a nivel subatómico, siguen comportándose en forma similar; es decir, entran y salen de la existencia espacio-temporal con la misma facilidad que parpadeamos sin darnos cuenta. Esto fue descubierto por el físico Heisenberg, y como el fenómeno no tenía regularidad ni parecía seguir un patrón determinado fue denominado el "principio de indeterminación de Heisenberg". Es decir, que no se podía predecir con seguridad la aparición y desaparición de un electrón. La realidad dentro de la cual entraba y salía fue llamada realidad virtual. Más aún, la forma de aparición del electrón saliendo de esta realidad no era posible de predecir. Algunas veces lo hacía como una partícula material, otras veces como una onda electromagnética. Lo que afirmaba era que el electrón podía transformar su realidad intrínseca para modificar su expresión externa.

Si esto es verdad para la realidad de un quantum de energía que podemos singularizar en un laboratorio, cuanto más lo es cuando podemos aprehender la existencia similar de la realidad virtual que se da en la reflexión de la Auto-consciencia. Hay una similitud y paralelismo entre estos dos conceptos fascinante. La inespacio-temporalidad de un quantum de energía (que es real), es de la misma naturaleza que la inespacio-temporalidad de la Auto-consciencia, del Espíritu (que es también real). Las dos realidades son y se nutren de la misma fuente de inespacio-temporalidad para simplemente SER.

Por lo tanto, si en mí existe una dimensión real inespacio-temporal que no puede desaparecer, terminarse, pues su realidad es existir en la inespacio-temporalidad y ésta, por definición, está fuera de los determinismos que conllevan la disolución, de lo que llamamos muerte, por lo tanto esta dimensión no está sujeta a dicha disolución.

El Yo-Testigo existe en la inespacio-temporalidad

Habíamos analizado en el capítulo anterior la modalidad de realidad que tiene la toma de conciencia del Yo-testigo y su rasgo esencial que lo describe es el de estar, existir en la inespacio-temporalidad, pues como Yo-testigo, no forma parte de lo que puede ser contemplado, estudiado, afirmado, analizado. Ese Yo-testigo silencioso está fuera de cualquier determinismo que los *'objetos-sujetos allá fuera'* tienen, pues como testigo, él es el Observador, no es lo observado. Lo observado es lo que ocupa espacio-tiempo en la dimensión física, y espacio-tiempo en mi percepción de su existencia. Sin embargo, el Observador está *'detrás'*, por *'encima'* de lo observado, fuera de las dimensiones de la espacio-temporalidad.

El Yo-testigo puede afirmar, Yo tengo un cuerpo, pero no soy el cuerpo. Yo puedo ver y sentir mi cuerpo, pero lo sentido y visto no es el Que Ve. Mi cuerpo y mente pueden estar cansados o estimulados, enfermos o sanos, pesados o livianos, pero nada de eso afecta la identidad del Yo-testigo pues tengo un cuerpo, pero no soy mi cuerpo.

Tengo deseos, pero no soy mis deseos. Puedo conocer mis deseos pero lo conocido no es el Conocedor. Deseos vienen y se van, flotan en mi consciencia, pero no afectan mi Yo-interior. Yo tengo deseos, pero no soy mis deseos.

Tengo emociones, pero no soy mis emociones. Puedo sentir mis emociones, pero lo que se siente y percibe no es el verdadero Sentidor.

Las emociones pasan por mí, pero no afectan mi Yo-interior, pues yo siento emociones, pero no soy mis emociones. Yo tengo experiencias, pero no soy las experiencias pues para vivirlas requiero de los sentidos y en ese instante estoy con la experiencia, tengo experiencias pero no soy el observador de las experiencias. El Yo-testigo es el que está detrás de toda experiencia.

Yo tengo pensamientos, pero no soy mis pensamientos. Puedo saber e intuir mis pensamientos, pero lo conocido no es el Conocedor. Los pensamientos vienen y van pero no afectan mi Yo-interior pues yo tengo pensamientos pero *no soy* mis pensamientos.

Cuando se está como el Testigo-puro, se es invisible. No se puede ver porque no se es un objeto. El cuerpo se puede ver, la naturaleza se puede ver, los objetos se pueden ver, pero el Yo-testigo-puro no es ninguno de esos objetos. El Yo de ese estado es consciencia pura, el Yo es la fuente misma de dicha consciencia y no es ninguna de las cosas que aparecen en dicho campo de la consciencia. Yo soy lo que permanece, un centro puro de consciencia, un testigo inamovible de estos pensamientos, emociones, sentimientos y deseos. Yo soy el Yo-transpersonal o el Testigo-silencioso. (6)

"El que Ve" dentro de mí es testigo de todos estos objetos. No es una cosa, no es un objeto, como tampoco es nada que se vea o se agarre. Es más bien un sentir la inmensidad de la Libertad porque él, en sí, no es nada que entra en el mundo objetivo del tiempo. El Testigo-puro es el Vacío puro en el cual estos individuos y objetos aparecen, se quedan un momento y se van. Este Testigo-puro no es algo que se pueda ver. El Testigo no se encuentra en la corriente, es la Libertad enorme dentro de la cual la corriente se manifiesta. El problema constante que tenemos los humanos es que nos identificamos con los objetos. Identificamos el Que Ve con las pequeñeces que se pueden ver. Este el principio de la no-libertad.

Cuando nos quedamos en el puro Testigo, no se considera al Testigo como un objeto. Cuando se permanece en el 'Que Ve', uno se vuelve invisible, porque no es un objeto para ver. El cuerpo puede verse, la naturaleza puede verse, pero el Yo-testigo no es ninguna de esos objetos. Es, más bien, la fuente pura de consciencia y no las cosas que puedan manifestarse en dicha consciencia.

Las cosas se manifiestan en la consciencia, se quedan un momento y se van, vienen y se van. Se manifiestan en el tiempo. Se mueven en el espacio. Pero el Testigo-puro ni va ni viene. No se manifiesta en el tiempo, no se mueve en el espacio. Es como es; siempre presente. NO es un objeto allá fuera, por lo tanto no entra en la corriente del tiempo o del espacio, en el nacimiento ni en la muerte. Todas esas experiencias, todos esos objetos, vienen y se van. Pero el Yo-testigo ni viene ni se va, no entra en la corriente. De eso se es consciente, por lo tanto no se está atrapado en todo aquello. El Yo-testigo es consciente del espacio, es consciente del tiempo y a la vez es consciente de que existe libre de los mismos. Es sin-tiempo, sin espacio, la forma más pura del Vacio a través del cual el tiempo y el espacio se pasean. (7)

Soy consciente de la existencia de una dimensión sin tiempo ni espacio que está dentro de mí, y que no se puede identificar con mi corporeidad. La experiencia descrita arriba me permite ser consciente de dicha dimensión interna, mía sin espacio ni tiempo. Así como es verdad que está presente en mi consciencia, estoy igualmente consciente que esta dimensión es real, que no es la creación simple de mi mente, sino la experiencia directa de su existencia. La dimensión de no—espacio, no-tiempo es una realidad viva, que es primero experimentada, y después formulada como un postulado.

Este principio de inespacio-temporalidad que existe dentro de mi es lo que llamamos el Espíritu, el Alma. El Espíritu-Alma está en capacidad potencial de conectarse con la Trascendencia, pues su constitución intrínseca, la inespacio-temporalidad, lo pone en el plano mínimo de la realidad que define a la Trascendencia, la de Ser y Existir en la inespacio-temporalidad. En ese plano, la comunicación de un Yo-consciente que trasciende su propia espacio-temporalidad le permite ponerse en la presencia dialógica con la Absoluta Libertad Espacio-Temporal, pues en ese momento se crea un lenguaje común que no está restringido por la espacio-temporalidad ni por la base biológica para expresarse y comunicarse.

Si esta realidad interna, este principio no-espacio temporal existe dentro de mí y es real, puedo concluir que no está sujeto a las condiciones impuestas por la espacio-temporalidad, una de ellas la disolución del cuerpo físico una vez que se hace el paso de la transición de la muerte. Hemos establecido que el Yo-testigo no es temporal, no es espacial, por lo tanto no puede descomponerse porque no es material, no se encuentra constreñido por la dimensión espacio-temporal, ni le aplican las leyes de disolución que la muerte conlleva. Si el Yo-testigo no tiene disolución es porque la esencia de su ser es la de permanecer en el Ser.

Sin embargo, hemos constatado que no nos damos la existencia. Esta la recibimos gratuitamente. No la creamos, pues en ningún momento decidimos 'ser' y 'somos'. La Existencia nos es entregada, nos es regalada. Si no nos la damos, si no nos creamos a nosotros mismos, debemos por lo tanto recibir la Existencia de una Fuente que da origen a todo lo que es, que es a su vez el Ser Mismo que no requiere de otra fuente para Ser, porque él es la Fuente de todo lo que es. El Yo-testigo debe haber provenido de esa Fuente inespacio-temporal puesto que tiene en si mismo esa característica de la cual puede ser consciente. En ese sentido el Yo-testigo no se ha desligado del Ser mismo en ningún momento; tan solo ha tomado consciencia de Existir en la radical modalidad de la espacio-temporalidad terrenal. Esta modalidad de existencia no separa, no disocia al Yo-testigo del inmenso océano del Ser de donde se originó y de donde recibió la esencia de su individualidad, de su participación en el Ser. Una de las características heredadas del Ser es precisamente esta modalidad de no estar constreñido por la espacio-temporalidad de la existencia terrenal, pues su esencia no-temporal, no-espacial lo libera de la disolución física que le ocurre al cuerpo que le ha dado posibilidad de expresarse espacio-temporalmente.

El Yo-testigo no está condenado a una modalidad de existencia estática en el Ser. Por el contrario, la comprensión, la aprehensión, la contemplación y la total identificación con el Que ES, es un proceso permanente de 'crecimiento' en el Ser. Crecimiento que no es como el que experimentamos en el aquí y ahora pues en ese plano de Ser no hay tiempo ni espacio que lo restrinja. Es más bien el proceso permanente de *'devenir Ser'*, de manifestarse como gota del océano dentro del Océano del Ser.

En este estadio de Ser, el Yo-testigo contempla su propia fuente, que es el Espíritu mismo. De ahí que los místicos afirman que este Yo-Observador es un como rayo del Sol que es a la vez el Abismo radiante y el Fundamento último sobre el cual depende la manifestación total del Cosmos. Esta es la identidad suprema que brilla mas allá de todo el mundo manifiesto, una identidad suprema que deshace el nudo del Yo-separado y lo sepulta en el esplendor de la Unidad del Ser. (8)

Queda entonces por preguntar si hay alguna confirmación externa de esta conclusión, que la esencia de nuestro Yo-testigo es un principio y unidad inespacio-temporal, imperecedero, por lo tanto con propiedad de inmortalidad. La historia nos afirma que 'si', que se nos ha dado dicha confirmación por el mismo Ser-Autor de todo lo que es, a través de sus múltiples Revelaciones hechas a lo largo de toda la historia de la Humanidad de las cuales tenemos amplia documentación. Cada una de ellas ha dado la base y el contenido de lo que después se ha desarrollado como religión específica del grupo humano que la ha recibido.

La Mente Espiritual es la que elabora la relación personal con este Ser-Revelador de Si mismo porque acepta, por Fe razonada, el origen de dicha Revelación. Esta aceptación es después expresada por acciones de reverencia, por obediencia a los comportamientos morales y sociales prescritos por la Revelación; por actos de servicio, de perdón, de sacrificio y aun de martirio por proclamar dicha Revelación. Lo hace porque el Yo-idéntico consigo mismo descubre que en esa Revelación se da la fuente de *'palabras de vida eterna'* que confirman y apaciguan el inquirir, la sed de inmortalidad que el Yo-Espíritu desea, intuye y busca como la Fuente de su misma Existencia no-espacio temporal.

CONCLUSION

La Realidad objetiva-física es Multidimensional

El hombre vive en una realidad que es multidimensional como hemos podido descubrir en la primera parte del libro. La realidad, la completa realidad, no es la que aparece a primera vista, en la primera percepción, en la primera impresión, en la primera interpretación. Por el contrario, lo que hemos descubierto es que la realidad de los objetos que vemos 'allá fuera' de nosotros es apenas el primer nivel de la realidad que está dentro de esa primera capa observada.

Descubrimos que hay un nivel estructural interno que está compuesto por unidades no visibles al ojo llamadas moléculas que a su vez están compuestas de átomos. En un elemento químico como el agua dos átomos de hidrógeno y uno de oxígeno y están unidos químicamente. Cuando la molécula tiene por los menos dos elementos diferentes entonces forma un compuesto. No todos los objetos conocidos se someten a esta definición tales como las sales (cristales iónicos), los gases, y los cristales. Lo importante recordar es que esta realidad atómica, que es la que le da consistencia, solidez y expresión espacio-temporal a lo material no es visible al ojo humano sino con la ayuda de un microscopio electrónico dada su micro-realidad.

Después, la física cuántica nos develó aún otro nivel de realidad escondida en cada átomo, el núcleo con sus partículas elementales y el electrón. Ese nivel de la realidad nos ha hecho comprender que en la dimensión subatómica la realidad física con la cual estamos acostumbrados a relacionarnos todos los días, las leyes de la espacio-temporalidad con la que nos manejamos constantemente, no se aplican a dicha realidad subatómica. En ella las partículas elementales, en especial el electrón, existe en una dimensión virtual, en un estado potencial para comportarse como partícula o como onda electromagnética desafiando las leyes de la espacio-temporalidad dado que pueden estar presentes en 'todas partes', 'simultáneamente', para expresarse en la espacio-temporalidad cuando entra en relación con la mente del hombre y su intencionalidad.

Aunque esta realidad no la podamos ver a primera vista, no deja de ser una realidad, quizá más importante, desde el punto de vista de su esencia de ser, que la realidad que nosotros visiblemente captamos, nombramos, catalogamos, definimos, damos propiedades y usamos para construir la otra realidad, la creada por nosotros para vivir y trabajar en ella, como son las casas, los edificios, los apartamentos, los colegios, las universidades, las fábricas, los laboratorios, el campo cultivado.

El no haber descubierto esta realidad en los laboratorios, en los centros de investigación hace doscientos, trescientos años atrás, no por eso dejaba de ser la realidad que sostenía la que veíamos en la superficie. Estaba allí llevando a cabo lo que tenía que hacer, darle consistencia a todo lo que es para nosotros visible, constatable, medible, utilizable, modificable. Sin embargo, solo a partir de ese conocimiento de la realidad interna de la materia es como hemos dado unos saltos cuantitativos y cualitativos en la forma como nos relacionamos con dicha realidad externa, objetiva. Recordemos un solo ejemplo que ha revolucionado totalmente nuestra manera de relacionarnos, de desplazarnos por el planeta: fue el descubrir el petróleo, convertirlo en combustible y diseñar los barcos, los carros, los trenes y los aviones que usamos para movilizarnos. Esto nos ha dado una movilidad que la humanidad entera jamás había experimentado en el pasado.

El hombre pues, descubre que vive inmerso, rodeado, sostenido por una realidad multidimensional que no la aprehende a primera vista pero que una vez que comienza a develarla y entenderla, no solo se da cuenta de sus diferentes niveles de existencia, sino que puede afirmarla como existente sin verla exteriormente. Además, puede tener la completa certeza de que esa realidad interna es verdadera, porque ha sido develada y confirmada experimentalmente por los científicos dedicados a su estudio y comprensión.

La Realidad física e interior del hombre es también Multidimensional

El hombre descubre en sí mismo una realidad física y mental que es paralela y comparable a la realidad física pues también es multidimensional.

Hemos constatado que el hombre vive inmerso en una realidad objetiva (afuera del él) que es multidimensional, pero que no la puede captar como tal a primera vista porque está escondida en la interioridad de su realidad física externa. En forma paralela hemos descubierto que el hombre replica en su realidad física niveles igualmente multi-dimensionales a los del mundo de los objetos. Su cuerpo está físicamente compuesto por una capa externa de piel que arropa en su interioridad un conjunto de huesos y órganos todos trabajando al unísono para que el individuo, como unidad espacio-temporal, se pueda mantener vivo. Todos estos órganos están coordinados en su funcionamiento por el cerebro que tiene múltiples funciones regulatorias, pero que a su vez tiene un arquitecto, un conductor que lleva a cabo los procesos, la Mente.

A nivel físico, el cuerpo está organizado y funciona a través de los sistemas cada uno llevando a cabo una función propia, específica, como el sistema respiratorio, el circulatorio, el digestivo, el inmunológico, el nervioso. Cada uno está compuesto por uno o varios órganos vivos, que a su vez, no solo están todos conectados, sino que trabajan al unísono para mantener al sujeto vivo y funcionando. Sin embargo, y en forma paralela, cada órgano está compuesto por tejidos que a su vez están organizados en células vivas, y cada una de ellas lleva a cabo una o varias funciones vitales para que el individuo se mantenga vivo y desarrollándose. Cada célula, en forma análoga al átomo, está compuesta de elementos básicos tales como los genes, que a su vez están compuestos por los cromosomas y dentro de ellos están los hilos de ADN y RNA que se convierten en las cadenas entrelazadas de proteínas que dan origen a todo lo vivo.

Paralelamente y en forma simultánea el hombre vive continuamente en otra realidad multidimensional, la de la Mente. Esta se desempeña, se manifiesta y funciona en varios niveles dando pie a la realidad de las emociones, de los conceptos, del análisis, de las memorias, de la individualidad psíquica, de la personalidad, de la creatividad, de la imaginación, de la producción artística y la búsqueda del sentido de la vida, de la existencia. Todos estos niveles se manifiestan, en y por la Mente, en base a la estructura física del cerebro, que en forma paralela al mundo de lo físico, también tiene sus niveles interiores de realidad organizados por los trillones de neuronas cerebrales, cada una con la complejidad de un átomo, de una célula.

Toda esta multi-realidad interna del hombre lo propulsa a vivir en una multi-dimensionalidad permanente que mejor se expresa en la Mente que coordina, estructura, y da sentido a todo lo que él vive y experimenta. Ella es la que le abre las puertas del conocimiento, del crecimiento interior y del descubrimiento de su realidad más íntima, la de poder zambullirse en el Ser que le dio la Existencia y que le ofrece la inagotable esencia de su Infinitud como la meta ultima de desarrollo de su Yo-consciente. De ahí pues que el titulo de nuestro libro, *El Hombre Multidimensional vive en la Realidad Multidimensional*, adquiere en este momento la coherencia, el armazón, el sentido y la plenitud de lo que estaba escondido al inicio de su lectura.

Este ejercicio de desentrañar los niveles de la realidad objetiva que constatamos 'allá fuera', y los niveles de la realidad que encontramos dentro de nuestra subjetividad tiene una finalidad, la de descubrirnos como una increíble criatura configurada para vivir la más excelsa de todas las aventuras, la de Existir.

Existencia que comienza en la radicalidad de la espacio-temporalidad como la definición de un ser inmerso en la finitud y temporalidad, pero solo como la antesala vivencial de la máxima realidad de nuestra Existencia: el devenir, el desarrollarnos y el florecer en esa dimensión de Existencia donde la chispa de la no-espacio temporalidad que experimentamos en nuestra consciencia se convierta en el estadio permanente de Existencia no constreñida ni limitada por nuestra presente espacio-temporalidad.

En esa dimensión de realidad nuestra Existencia se convierte en la vivencia exquisita de una Inmortalidad en evolución permanente en el Ser. Evolución que nos permitirá convertirnos en los Gigantes

Espirituales destinados a ser Expresión Viva del Ser que nos dio el origen de nuestra Existencia para finalmente salvar la brecha de separación impuesta por nuestra espacio-temporalidad, y gozar sin fin, de la Unión con Él, el Uno e indivisible, la Unidad de todo lo que es, la Luminosidad de todo lo que existe, la Razón de ser de todo lo que ha sido, es y será. Será la ansiada Liberación de nuestra limitación para brillar con la intensidad del Ser que reflejaremos como espejos perfectos, sumergidos en el Océano de su Absoluta Consciencia, de su Perfecta Libertad, de su Perfecta Unidad, de su indivisible Esencia, de su Perfecta Quietud en su permanente Acción Creativa, haciendo posible que todo siga existiendo, evolucionando, manifestando la Perfección de su Diseñó Original del cual nosotros brillaremos con excelsitud porque hemos sido moldeados, en forma especial y singular, a su 'imagen y semejanza'.

Referencias

Capítulo 10

1) Deepak Chopra. *Ageless Body, Timeless Mind*. pg. 305
2) Google. Ponce de León, Enciclopedia Wikipedia
3) Google. mitos de inmortalidad, Enciclopedia Wikipedia
4) Dorian Grey. Enciclopedia Britannica. Encyclopœdia Britannica. *Encyclopaedia Britannica Ultimate Reference Suite*. Chicago: Encyclopœdia Britannica
5) Google. mitos de inmortalidad, Enciclopedia Wikipedia
6) Wilber, Ken. *No Boundary, Eastern and Western Approach to Personal Growth*, pg. 546-547
7) Wilber, Ken. *A Brief History of Everything*, pg. 252-255
8) Wilber, Ken. Idem, pg. 232-233

BIBLIOGRAFIA

Chopra, Deepak, MD. *Quantum Healing, Exploring the Frontiers of Mind/Body Medicine.* A Bantam Book, 1990.

Chopra, Deepak, MD. *Ageless Body, Timeless Mind, A Practical Alternative to Growing Old.* Harmony Books, 1993

Comings, David, MD. *Did Man Create God? Is Your Spiritual Brain at Peace with your Thinking Brain?* Hope Press, Duarte California, 2008.

Hawking, Stephen, y Leonard Mlodinow. *El Gran Diseño.* Traducción David Jou Mirabent. Critica, Barcelona, 2012.

Wilber, Ken. *A Brief History of Everything.* Boston and London. Shambhala Publications, 1996.

Wilber, Ken. *No boundary. Eastern and Western Approach to Personal Growth.* Boston and London. Shambhala Publications, 2001.

Wilber, Ken. *One Taste. The Journals of Ken Wilber.* Boston and London. Shambhala Publications, 1999.

Wilber, Ken. *Psychologia Perennis, The Spectrum of Consciousness.* Selection Reprinted from the Collection of Books of Ken Wilber, Boston and London. Shambhala Publications, 1999.